JN094489

本書の特色と使い方

5段階指導で　どの子にも　確実に　高い漢字力が　身につきます。

1 **書き順**

正しい書き順が身につくよう，はじめに書き順を何度も練習しましょう。

読み方は，小学校で習うものを書いておきました。

2 **漢字の読み**

書き順のページを見て，どんな読み方をするのが一番よいのか考えて書きましょう。

答えあわせは，なぞり書きのページを見てしましょう。

3 **なぞり書き**

書き順と漢字の読み方を練習したあと，一字ずつお手本をなぞり書きしましょう。

同じページをコピーして何回もなぞり書きをすると，とても美しい文字が書けるようになります。また高い漢字力が自然に身につきます。

4 **漢字の書き取り**

前のページを見ないで，テストのつもりで，ていねいに書きましょう。

書いたあとは必ず，すぐに○をつけましょう。まちがった漢字は，くりかえし練習しましょう。

このページを２～３枚コピーしておいて，何度も練習するのもよいでしょう。

5 **テスト**

漢字の書き取りのページ，数枚につき，１回の割合で，まとめテストがあります。

その学年で習う新出漢字や読みかえ漢字を中心に出題しました。実力テストと思って，チャレンジしましょう。


やさしい手書き文字（書き順を除く）が，子どもたちの心をあたたかくはげまします。

書きじゅんに 気をつけて ていねいに 書きましょう

新しく出た漢字 P3~P5 の書きじゅん

名前

信	シン	九画
達	タツ	十二画
飛	ヒ・とぶ・とばす	九画
席	セキ	十画
建	ケン・たてる・たつ	九画
菜	サイ・な	十一画
例	レイ・たとえる	八画

書きじゅんに 気をつけて ていねいに 書きましょう

新しく出た漢字 P3~P8 の書きじゅん

名前

料	リョウ	十画
良	リョウ・よい	七画
照	ショウ・てる・てらす	十三画
熱	ネツ・あつい	十五画
府	フ	八画
児	ジ	七画
関	カン・せき・かかわる	十四画

ていねいに読みがなを書きましょう

名前

1 信号を守る
2 速達を出す
3 車が曲がる
4 道に飛び出す
5 深いため息
6 車の運転席
7 見事な花火
8 丸い建物
9 菜の花がさく
10 後ろから乗る

ていねいに読みがなを書きましょう

名前

1 小さな野原
2 青々としげる
3 例をあげる
4 友達と遊ぶ
5 資料を集める
6 テレビの音声
7 良心てきな店
8 家路を急ぐ
9 雲海が広がる
10 美しい新雪

ていねいに なぞり書きを しましょう

1 信号《しんごう》を守《まも》る
2 速達《そくたつ》を出《だ》す
3 車《くるま》が曲《ま》がる
4 道《みち》に飛《と》び出《だ》す
5 深《ふか》いため息《いき》
6 車《くるま》の運転席《うんてんせき》
7 見事《みごと》な花火《はなび》
8 丸《まる》い建物《たてもの》
9 菜《な》の花《はな》がさく
10 後《うし》ろから乗《の》る

名前

ていねいに なぞり書きを しましょう

1 小《ちい》さな野原《のはら》
2 青々《あおあお》としげる
3 例《れい》をあげる
4 友達《ともだち》と遊《あそ》ぶ
5 資料《しりょう》を集《あつ》める
6 テレビの音声《おんせい》
7 良心《りょうしん》てきな店《みせ》
8 家路《いえじ》を急《いそ》ぐ
9 雲海《うんかい》が広《ひろ》がる
10 美《うつく》しい新雪《しんせつ》

名前

漢字を ていねいに 書きましょう

1 しんごうをまもる

2 そくたつをだす

3 くるまがまがる

4 みちにとびだす

5 ふかいためいき

名前

6 くるまのうんてんせき

7 みごとなはなび

8 まるいたてもの

9 なのはながさく

10 うしろからのる

漢字を ていねいに 書きましょう

1 ちいさなのはら

2 あおあおとしげる

3 れいをあげる

4 ともだちとあそぶ

5 しりょうをあつめる

名前

6 テレビのおんせい

7 りょうしんてきなみせ

8 いえじをいそぐ

9 うんかいがひろがる

10 うつくしいしんせつ

ていねいに読みがなを書きましょう

名前

1. 絵筆を使う
2. 安全な場所
3. 日照りの毎日
4. お湯は熱い
5. 府立図書館
6. 京都府に住む
7. 五才の園児
8. 箱根の関所
9. 電気を感知
10. 照明が暗い

ていねいに読みがなを書きましょう

名前

1. バスで通学
2. 広大な土地
3. 親子の関係
4. 車で遠出する
5. 図面を引く
6. 七月は海開き
7. 広場で遊ぶ
8. 駅への近道
9. 家はもう間近
10. 決意をのべる

ていねいに なぞり書きを しましょう

名前

1 絵筆《えふで》を使《つか》う

2 安全《あんぜん》な場所《ばしょ》

3 日照《ひで》りの毎日《まいにち》

4 お湯《ゆ》は熱《あつ》い

5 府立図書館《ふりつとしょかん》

6 京都府《きょうとふ》に住《す》む

7 五才《ごさい》の園児《えんじ》

8 箱根《はこね》の関所《せきしょ》

9 電気《でんき》を感知《かんち》

10 照明《しょうめい》が暗《くら》い

ていねいに なぞり書きを しましょう

名前

1 バスで通学《つうがく》

2 広大《こうだい》な土地《とち》

3 親子《おやこ》の関係《かんけい》

4 車《くるま》で遠出《とおで》する

5 図面《ずめん》を引《ひ》く

6 七月《しちがつ》は海開《うみびら》き

7 広場《ひろば》で遊《あそ》ぶ

8 駅《えき》への近道《ちかみち》

9 家《いえ》はもう間近《まぢか》

10 決意《けつい》をのべる

漢字を ていねいに 書きましょう

1 えふでをつかう
2 あんぜんなばしょ
3 ひでりのまいにち
4 おゆはあつい
5 ふりつとしょかん

名前

6 きょうとふにすむ
7 ごさいのえんじ
8 はこねのせきしょ
9 でんきをかんち
10 しょうめいがくらい

漢字を ていねいに 書きましょう

1 バスでつうがく
2 こうだいなとち
3 おやこのかんけい
4 くるまでとおでする
5 ずめんをひく

名前

6 しちがつはうみびらき
7 ひろばであそぶ
8 えきへのちかみち
9 いえはもうまぢか
10 けついをのべる

書きじゅんに 気をつけて ていねいに 書きましょう

新しく出た漢字 P10~P12 の書きじゅん

名前

辞	ジ	十三画
典	テン	八画
成	セイ／なる・なす	六画
訓	クン	十画
類	ルイ／たぐい	十八画
順	ジュン	十二画
愛	アイ	十三画
昨	サク	九画
城	ジョウ／しろ	九画

書きじゅんに 気をつけて ていねいに 書きましょう

新しく出た漢字 P14~P16 の書きじゅん

名前

覚	カク／おぼえる・さます	十二画
伝	デン／つたえる・つたわる	六画
説	セツ／とく	十四画
好	コウ／このむ・すく	六画
印	イン／しるし	六画
要	ヨウ／かなめ	九画
的	テキ／まと	八画
必	ヒツ／かならず	五画

ていねいに読みがなを書きましょう

1. 意味を調べる
2. 国語辞典
3. 成り立ち
4. 音読み訓読み
5. 本の分類

名前

6. 筆順を調べる
7. 画数は三画
8. 部首を考える
9. 漢字を使う
10. 多くの愛読書

ていねいに読みがなを書きましょう

1. 昨夜の出来事
2. 城めぐりの旅
3. 道の東西南北
4. 古い社を見る
5. 本を正す

名前

6. 青年の集まり
7. 校庭で遊ぶ
8. 夏の行事
9. 今年の立春
10. 教室の黒板

ていねいに なぞり書きを しましょう

名前

1 昨夜《さくや》の出来事《できごと》

2 城《しろ》めぐりの旅《たび》

3 道《みち》の東西南北《とうざいなんぼく》

4 古《ふる》い社《やしろ》を見《み》る

5 本《もと》を正《ただ》す

6 青年《せいねん》の集《あつ》まり

7 校庭《こうてい》で遊《あそ》ぶ

8 夏《なつ》の行事《ぎょうじ》

9 今年《ことし》の立春《りっしゅん》

10 教室《きょうしつ》の黒板《こくばん》

ていねいに なぞり書きを しましょう

名前

1 意味《いみ》を調《しら》べる

2 国語辞典《こくごじてん》

3 成《な》り立《た》ち

4 音読《おんよ》み訓読《くんよ》み

5 本《ほん》の分類《ぶんるい》

6 筆順《ひつじゅん》を調《しら》べる

7 画数《かくすう》は三画《さんかく》

8 部首《ぶしゅ》を考《かんが》える

9 漢字《かんじ》を使《つか》う

10 多《おお》くの愛読書《あいどくしょ》

漢字を ていねいに 書きましょう

名前

1. いみをしらべる
2. こくごじてん
3. なりたち
4. おんよみくんよみ
5. ほんのぶんるい
6. ひつじゅんをしらべる
7. かくすうはさんかく
8. ぶしゅをかんがえる
9. かんじをつかう
10. おおくのあいどくしょ

漢字を ていねいに 書きましょう

名前

1. さくやのできごと
2. しろめぐりのたび
3. みちのとうざいなんぼく
4. ふるいやしろをみる
5. もとをただす
6. せいねんのあつまり
7. こうていであそぶ
8. なつのぎょうじ
9. ことしのりっしゅん
10. きょうしつのこくばん

まとめテスト（1）

P5
P8
P12

名前

（一問2点）

① □《な》の花

②③ □□《たてもの》

④ □《せき》につく

⑤ □《れい》文をあげる

⑥⑦ □□《しんごう》

⑧ □《さく》夜

⑨⑩ □□《りょうやく》は口に苦《にが》し

⑪⑫ □□《りっしゅん》

⑬⑭ □□《りょうり》

テレビの⑮⑯ □□《おんせい》

⑰⑱ □□《しんせつ》をふむ

⑲ □《つう》学

⑳㉑ □□《そくたつ》を出す

㉒㉓ □□《しょうめい》が暗い

国語㉔㉕ □□《じてん》

㉖㉗ □□《うんかい》が広がる

湯が㉘（　）《あつい》

五才の㉙㉚ □□《えんじ》

日㉛（　）《でり》

京都㉜㉝ □□《ふりつ》の学校

㉞ □《くん》読み

親子㉟㊱ □□《かんけい》

㊲㊳（　）《なりたち》

㊴㊵ □□《じゅんばん》にならぶ

㊶㊷ □□《かんじ》の㊸㊹ □□《かくすう》

㊺ □《あい》読書

㊻㊼㊽㊾ □□□□《とうざいなんぼく》

お㊿ □《しろ》

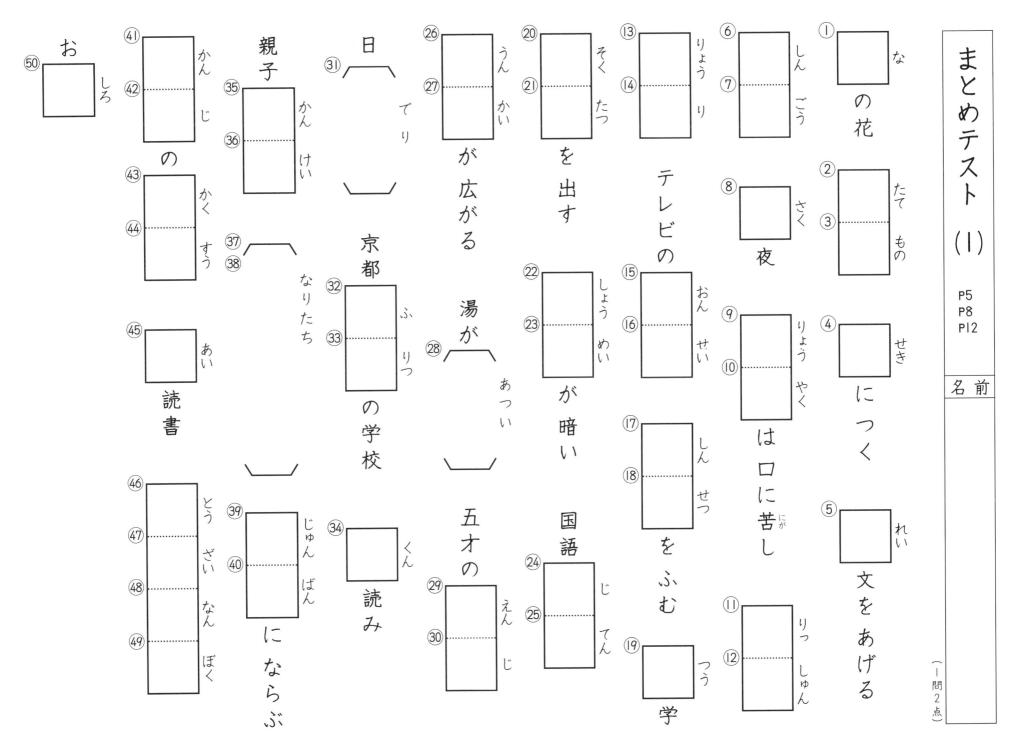

ていねいに読みがなを書きましょう

1 音楽発表会
2 地名を覚える
3 昔話を伝える
4 姉に説明する
5 好きな乗り物
6 来週に会う
7 日直と係活動
8 丸印をつける
9 話の要点
10 見出し語

名前

ていねいに読みがなを書きましょう

1 点と線
2 目的地に行く
3 必要な道具
4 記号や番号
5 学習の予定
6 内部と外部
7 文を読み返す
8 長所と短所
9 大事な問題
10 お湯を足す

名前

ていねいに なぞり書きを しましょう

名前

1 音楽発表会《おんがくはっぴょうかい》

2 地名《ちめい》を覚《おぼ》える

3 昔話《むかしばなし》を伝《つた》える

4 姉《あね》に説明《せつめい》する

5 好《す》きな乗《の》り物《もの》

6 来週《らいしゅう》に会《あ》う

7 日直《にっちょく》と係活動《かかりかつどう》

8 丸印《まるじるし》をつける

9 話《はなし》の要点《ようてん》

10 見出《みだ》し語《ご》

ていねいに なぞり書きを しましょう

名前

1 点《てん》と線《せん》

2 目的地《もくてきち》に行《い》く

3 必要《ひつよう》な道具《どうぐ》

4 記号《きごう》や番号《ばんごう》

5 学習《がくしゅう》の予定《よてい》

6 内部《ないぶ》と外部《がいぶ》

7 文《ぶん》を読《よ》み返《かえ》す

8 長所《ちょうしょ》と短所《たんしょ》

9 大事《だいじ》な問題《もんだい》

10 お湯《ゆ》を足《た》す

漢字を ていねいに 書きましょう

名前

1 おんがくはっぴょうかい

2 ちめいをおぼえる

3 むかしばなしをつたえる

4 あねにせつめいする

5 すきなのりもの

6 らいしゅうにあう

7 にっちょくとかかりかつどう

8 まるじるしをつける

9 はなしのようてん

10 みだしご

漢字を ていねいに 書きましょう

名前

1 てんとせん

2 もくてきちにいく

3 ひつようなどうぐ

4 きごうやばんごう

5 がくしゅうのよてい

6 ないぶとがいぶ

7 ぶんをよみかえす

8 ちょうしょとたんしょ

9 だいじなもんだい

10 おゆをたす

書きじゅんに 気をつけて ていねいに 書きましょう

新しく出た漢字 P18~P20 の書きじゅん

名前

漢字	画数	書きじゅん
初《ショ はじめ はつ》	七画	丶 ラ ネ ネ ネ 初 初
案《アン》	十画	丶 丶 宀 安 安 安 安 案 案 案
街《ガイ まち》	十二画	ノ 彳 彳 彳 彳 彳 往 往 往 往 街 街
試《シ こころみる》	十三画	丶 亠 亠 言 言 言 言 訂 訂 訂 試 試 試
選《セン えらぶ》	十五画	コ コ 己 己 己 己 己 己 己 巽 巽 巽 選 選 選
旗《キ はた》	十四画	丶 亠 方 方 方 方 方 方 方 方 旌 旗 旗 旗
静《セイ しずか》	十四画	一 十 丰 主 青 青 青 青 青 静 静 静 静 静
観《カン》	十八画	ノ 亠 亠 午 午 午 午 午 隺 隺 隺 隺 観 観 観 観 観 観

書きじゅんに 気をつけて ていねいに 書きましょう

新しく出た漢字 P18~P20 の書きじゅん

名前

漢字	画数	書きじゅん
材《ザイ》	七画	一 十 オ 木 木 村 材
季《キ》	八画	一 二 千 禾 禾 季 季 季
節《セツ ふし》	十三画	ノ 𠂉 𠂉 竹 竹 竹 竹 竹 竹 笳 笳 節 節
別《ベツ わかれる》	七画	丶 口 口 另 另 別 別
郡《グン》	十画	フ ヨ ヨ 尹 尹 君 君 君 郡 郡

練習しましょう

郡 郡 季 季 節 節 別 別 静 静 旗 旗 材 材 試 試 選 選 観 観 初 初 案 案 街 街

ていねいに読みがなを書きましょう

名前

1 年の初め

2 案内図を作る

3 学生の街

4 野球の試合

5 水泳の選手

6 観客席の人

7 静かに話す

8 後半に出場

9 同時に出発

10 色を選ぶ

ていねいに読みがなを書きましょう

名前

1 緑の旗をふる

2 新聞の取材

3 遠足の用意

4 名前に着目

5 七夕かざり

6 人口が多い国

7 田植えの季節

8 友達との別れ

9 郡部にある村

10 市区町村名

ていねいに なぞり書きを しましょう

名前

1 年《とし》の初《はじ》め

2 案内図《あんないず》を作《つく》る

3 学生《がくせい》の街《まち》

4 野球《やきゅう》の試合《しあい》

5 水泳《すいえい》の選手《せんしゅ》

6 観客席《かんきゃくせき》の人《ひと》

7 静《しず》かに話《はな》す

8 後半《こうはん》に出場《しゅつじょう》

9 同時《どうじ》に出発《しゅっぱつ》

10 色《いろ》を選《えら》ぶ

ていねいに なぞり書きを しましょう

名前

1 緑《みどり》の旗《はた》をふる

2 新聞《しんぶん》の取材《しゅざい》

3 遠足《えんそく》の用意《ようい》

4 名前《なまえ》に着目《ちゃくもく》

5 七夕《たなばた》かざり

6 人口《じんこう》が多《おお》い国《くに》

7 田植《たう》えの季節《きせつ》

8 友達《ともだち》との別《わか》れ

9 郡部《ぐんぶ》にある村《むら》

10 市区町村名《しくちょうそんめい》

漢字を ていねいに 書きましょう

名前

1. としのはじめ
2. あんないずをつくる
3. がくせいのまち
4. やきゅうのしあい
5. すいえいのせんしゅ
6. かんきゃくせきのひと
7. しずかにはなす
8. こうはんにしゅつじょう
9. どうじにしゅっぱつ
10. いろをえらぶ

漢字を ていねいに 書きましょう

名前

1. みどりのはたをふる
2. しんぶんのしゅざい
3. えんそくのようい
4. なまえにちゃくもく
5. たなばたかざり
6. じんこうがおおいくに
7. たうえのきせつ
8. ともだちとのわかれ
9. ぐんぶにあるむら
10. しくちょうそんめい

書きじゅんに 気をつけて ていねいに 書きましょう

新しく出た漢字 P22~P24の書きじゅん

名前

漢字	読み	画数
戦	セン・たたかう	十三画
争	ソウ・あらそう	六画
最	サイ・もっとも	十二画
給	キュウ	十二画
機	キ	十六画
包	ホウ・つつむ	五画
帯	タイ・おびる・おび	十画
泣	なく	八画
勇	ユウ・いさむ	九画
軍	グン	九画
兵	ヘイ・ヒョウ	七画
隊	タイ	十二画

書きじゅんに 気をつけて ていねいに 書きましょう

新しく出た漢字 P22~P27の書きじゅん

名前

漢字	読み	画数
輪	リン・わ	十五画
特	トク	十画
夫	フ・おっと	四画
衣	イ	六画
氏	シ	四画
祝	シュク・いわう	九画
徒	ト	十画
競	キョウ・ケイ	二十画
約	ヤク	九画
清	セイ・きよい・きよめる	十一画
完	カン	七画
法	ホウ	八画

ていねいに読みがなを書きましょう

1 戦争の話
2 最初の文章
3 配給のお米
4 飛行機の音
5 一生大切に

名前

6 汽車の駅
7 両手を広げる
8 頭がいこつ
9 空港に着く
10 包帯をまく

ていねいに読みがなを書きましょう

1 悲しい泣き声
2 勇ましい顔
3 軍歌の歌声
4 兵隊が進む
5 一輪の花

名前

6 紙で包む
7 買い物かご
8 昼休みの時間
9 行動に着目
10 世の中の様子

ていねいに なぞり書きを しましょう

1 戦争《せんそう》の話《はなし》
2 最初《さいしょ》の文章《ぶんしょう》
3 配給《はいきゅう》のお米《こめ》
4 飛行機《ひこうき》の音《おと》
5 一生大切《いっしょうたいせつ》に

名前

6 汽車《きしゃ》の駅《えき》
7 両手《りょうて》を広《ひろ》げる
8 頭《ず》がいこつ
9 空港《くうこう》に着《つ》く
10 包帯《ほうたい》をまく

ていねいに なぞり書きを しましょう

1 悲《かな》しい泣《な》き声《ごえ》
2 勇《いさ》ましい顔《かお》
3 軍歌《ぐんか》の歌声《うたごえ》
4 兵隊《へいたい》が進《すす》む
5 一輪《いちりん》の花《はな》

名前

6 紙《かみ》で包《つつ》む
7 買《か》い物《もの》かご
8 昼休《ひるやす》みの時間《じかん》
9 行動《こうどう》に着目《ちゃくもく》
10 世《よ》の中《なか》の様子《ようす》

漢字を ていねいに 書きましょう

名前

1 せんそうのはなし
2 さいしょのぶんしょう
3 はいきゅうのおこめ
4 ひこうきのおと
5 いっしょうたいせつに
6 きしゃのえき
7 りょうてをひろげる
8 ずがいこつ
9 くうこうにつく
10 ほうたいをまく

漢字を ていねいに 書きましょう

名前

1 かなしいなきごえ
2 いさましいかお
3 ぐんかのうたごえ
4 へいたいがすすむ
5 いちりんのはな
6 かみでつつむ
7 かいものかご
8 ひるやすみのじかん
9 こうどうにちゃくもく
10 よのなかのようす

ていねいに読みがなを書きましょう

1 特別な出来事
2 道具を用いる
3 夫の言葉
4 衣料品店
5 氏名の記入

名前

6 祝日を調べる
7 森林を守る
8 徒競走で一位
9 明日の予定
10 昨日の様子

ていねいに読みがなを書きましょう

1 秋分の日
2 話を要約する
3 工夫した作品
4 写真を使う
5 手紙の清書

名前

6 ビルの完成
7 新聞の記事
8 新しい方法
9 文書で回答
10 仕事の調査

ていねいに なぞり書きを しましょう

名前

1 特別《とくべつ》な出来事《できごと》

2 道具《どうぐ》を用《もち》いる

3 夫《おっと》の言葉《ことば》

4 衣料品店《いりょうひんてん》

5 氏名《しめい》の記入《きにゅう》

6 祝日《しゅくじつ》を調《しら》べる

7 森林《しんりん》を守《まも》る

8 徒競走《ときょうそう》で一位《いちい》

9 明日《あす》の予定《よてい》

10 昨日《きのう》の様子《ようす》

ていねいに なぞり書きを しましょう

名前

1 秋分《しゅうぶん》の日《ひ》

2 話《はなし》を要約《ようやく》する

3 工夫《くふう》した作品《さくひん》

4 写真《しゃしん》を使《つか》う

5 手紙《てがみ》の清書《せいしょ》

6 ビルの完成《かんせい》

7 新聞《しんぶん》の記事《きじ》

8 新《あたら》しい方法《ほうほう》

9 文書《ぶんしょ》で回答《かいとう》

10 仕事《しごと》の調査《ちょうさ》

漢字を ていねいに 書きましょう

名前

1. とくべつなできごと
2. どうぐをもちいる
3. おっとのことば
4. いりょうひんてん
5. しめいのきにゅう
6. しゅくじつをしらべる
7. しんりんをまもる
8. ときょうそうでいちい
9. あすのよてい
10. きのうのようす

漢字を ていねいに 書きましょう

名前

1. しゅうぶんのひ
2. はなしをようやくする
3. くふうしたさくひん
4. しゃしんをつかう
5. てがみのせいしょ
6. ビルのかんせい
7. しんぶんのきじ
8. あたらしいほうほう
9. ぶんしょでかいとう
10. しごとのちょうさ

まとめテスト（2）

P16
P20
P24
P27

名前

（1問2点）

① □《し》名を　②（　　）《おぼえる》
③④ □□《ひつよう》な物

⑤⑥ □□《ようてん》を　⑦（　　）《つたえる》
⑧（　　）《はじめ》の　⑨ □《いん》象《しょう》

⑩ □《まち》の　⑪⑫⑬ □□□《あんないず》
⑭（　　）《しずか》な人　⑮ □《はた》をふる

⑯⑰⑱ □□□《もくてきち》　ニュースを　⑲⑳ □□《しゅざい》する
㉑㉒㉓ □□□《ときょうそう》

㉔㉕ □□《しあい》の　㉖㉗ □□《こうはん》
㉘㉙ □□《へいたい》　㉚㉛ □□《とくべつ》

㉜㉝㉞ □□□《かんきゃくせき》　㉟（　　）《いさましい》
㊱ □《ぐん》歌　㊲㊳㊴ □□□《いりょうひん》

㊵ □《どう》時に　㊶（　　）《えらぶ》
㊷ □《しゅく》日　㊸ □《ぐん》部にある村

㊹㊺ □□《せんそう》　お㊻（　　）《わかれ》会
㊼ □《おっと》と出かける

㊽㊾ □□《きせつ》のたより
赤ちゃんが㊿（　　）《なく》

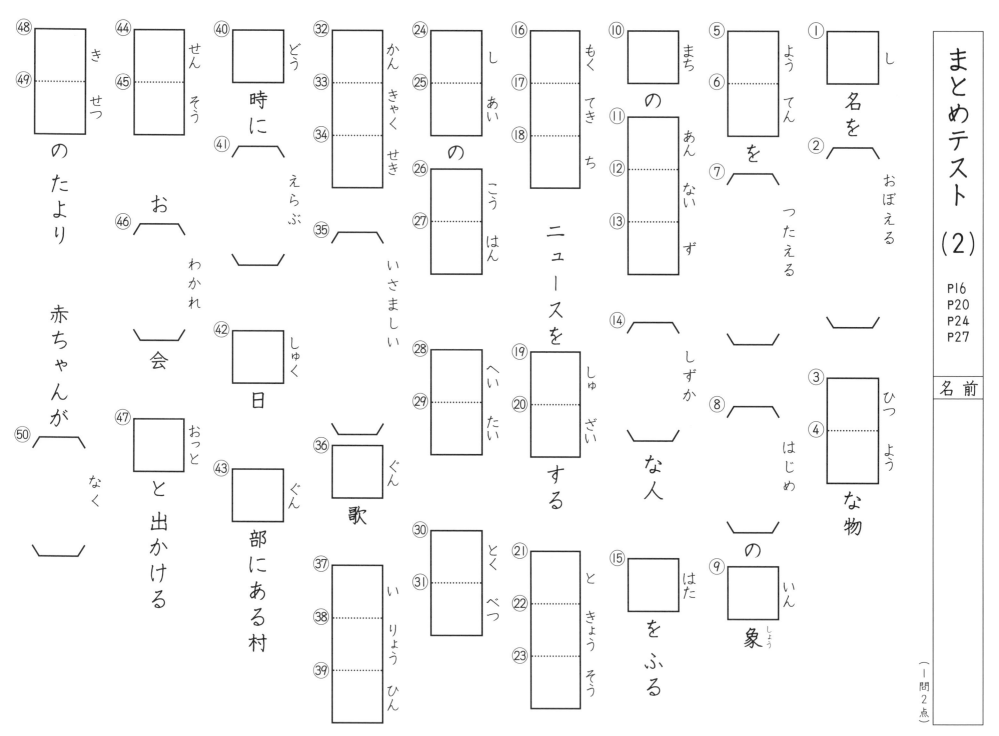

書きじゅんに 気をつけて ていねいに 書きましょう

新しく出た漢字 P30〜P32の書きじゅん

名前

漢字	画数
末《ミ》	五画
希《キ》	七画
望《ボウ》（のぞむ）	十一画
民《ミン》	五画
働《ドウ》（はたらく）	十三画
健《ケン》	十一画

練習しましょう

末 希 望 民 働 健

書きじゅんに 気をつけて ていねいに 書きましょう

新しく出た漢字 P30〜P32の書きじゅん

名前

漢字	画数
康《コウ》	十一画
散《サン》（ちる・ちらす）	十二画
令《レイ》	五画
位《イ》（くらい）	七画
置《チ》（おく）	十三画

練習しましょう

康 散 令 位 置

ていねいに読みがなを書きましょう

名前

1 選んだ本
2 細かい手作業
3 未来は明るい
4 希望にもえる
5 教室にてんじ
6 生きる実感
7 民族音楽
8 高い集中力
9 一番の働き手
10 商売を手伝う

ていねいに読みがなを書きましょう

名前

1 健康食品
2 夏の入道雲
3 真っ赤な空
4 服が散らかる
5 姉さんの手足
6 命令する人
7 世代交代
8 手軽に運ぶ
9 社会生活
10 公園の位置

ていねいに なぞり書きを しましょう

名前

1 選《えら》んだ本《ほん》

2 細《こま》かい手《て》作《さ》業《ぎょう》

3 未来《みらい》は明《あか》るい

4 希望《きぼう》にもえる

5 教室《きょうしつ》にてんじ

6 生《い》きる実感《じっかん》

7 民族音楽《みんぞくおんがく》

8 高《たか》い集中力《しゅうちゅうりょく》

9 一番《いちばん》の働《はたら》き手《て》

10 商売《しょうばい》を手《て》伝《つだ》う

ていねいに なぞり書きを しましょう

名前

1 健康食品《けんこうしょくひん》

2 夏《なつ》の入道雲《にゅうどうぐも》

3 真《ま》っ赤《か》な空《そら》

4 服《ふく》が散《ち》らかる

5 姉《ねえ》さんの手《て》足《あし》

6 命令《めいれい》する人《ひと》

7 世代交代《せだいこうたい》

8 手軽《てがる》に運《はこ》ぶ

9 社会生活《しゃかいせいかつ》

10 公園《こうえん》の位置《いち》

漢字を　ていねいに
書きましょう

1. えらんだほん
2. こまかいてさぎょう
3. みらいはあかるい
4. きぼうにもえる
5. きょうしつにてんじ

名前

6. いきるじっかん
7. みんぞくおんがく
8. たかいしゅうちゅうりょく
9. いちばんのはたらきて
10. しょうばいをてつだう

漢字を　ていねいに
書きましょう

1. けんこうしょくひん
2. なつのにゅうどうぐも
3. まっかなそら
4. ふくがちらかる
5. ねえさんのてあし

名前

6. めいれいするひと
7. せだいこうたい
8. てがるにはこぶ
9. しゃかいせいかつ
10. こうえんのいち

書きじゅんに 気をつけて ていねいに 書きましょう

新しく出た漢字
P34～P36
の書きじゅん

名前

漢字	画数
欠《ケツ》《かける》	四画
満《マン》《みちる みたす》	十二画
栄《エイ》《さかえる》	九画
養《ヨウ》《やしなう》	十五画
卒《ソツ》	八画
単《タン》	九画
結《ケツ》《むすぶ》	十二画
果《カ》《はたす はてる》	八画

書きじゅんに 気をつけて ていねいに 書きましょう

新しく出た漢字
P34～P36
の書きじゅん

名前

漢字	画数
漁《ギョ リョウ》	十四画
径《ケイ》	八画
副《フク》	十一画
臣《シン ジン》	七画
梅《バイ》《うめ》	十画
灯《トウ》	六画
貨《カ》	十一画

ていねいに読みがなを書きましょう

1 出欠を調べる

2 サービス満点

3 十分な栄養

4 動作が活発だ

5 詩を味わう

名前

6 広い場所

7 満員電車

8 四人の欠席者

9 心身の休養

10 時間を計る

ていねいに読みがなを書きましょう

1 卒業式に出席

2 単行本を読む

3 結果を知る

4 今日は不漁だ

5 直径の長さ

名前

6 副大臣の会見

7 大きな梅の実

8 街灯がともる

9 百貨店

10 体の重さ

ていねいに なぞり書きを しましょう

1. 出欠《しゅっけつ》を調《しら》べる
2. サービス満点《まんてん》
3. 十分《じゅうぶん》な栄養《えいよう》
4. 動作《どうさ》が活発《かっぱつ》だ
5. 詩《し》を味《あじ》わう
6. 広《ひろ》い場所《ばしょ》
7. 満員電車《まんいんでんしゃ》
8. 四人《よにん》の欠席者《けっせきしゃ》
9. 心身《しんしん》の休養《きゅうよう》
10. 時間《じかん》を計《はか》る

名前

ていねいに なぞり書きを しましょう

1. 卒業式《そつぎょうしき》に出席《しゅっせき》
2. 単行本《たんこうぼん》を読《よ》む
3. 結果《けっか》を知《し》る
4. 今日《きょう》は不漁《ふりょう》だ
5. 直径《ちょっけい》の長《なが》さ
6. 副大臣《ふくだいじん》の会見《かいけん》
7. 大《おお》きな梅《うめ》の実《み》
8. 街灯《がいとう》がともる
9. 百貨店《ひゃっかてん》
10. 体《からだ》の重《おも》さ

名前

漢字を ていねいに 書きましょう

名前

1 しゅっけつをしらべる

2 サービスまんてん

3 じゅうぶんなえいよう

4 どうさがかっぱつだ

5 しをあじわう

6 ひろいばしょ

7 まんいんでんしゃ

8 よにんのけっせきしゃ

9 しんしんのきゅうよう

10 じかんをはかる

漢字を ていねいに 書きましょう

名前

1 そつぎょうしきにしゅっせき

2 たんこうぼんをよむ

3 けっかをしる

4 きょうはふりょうだ

5 ちょっけいのながさ

6 ふくだいじんのかいけん

7 おおきなうめのみ

8 がいとうがともる

9 ひゃっかてん

10 からだのおもさ

ていねいに 読みがなを 書きましょう

1. 他国との交流
2. 本読みの手本
3. 台に上がる
4. 身を立てる
5. 柱を立てる

名前

6. 家を建てる
7. 電話をかける
8. 卒園式に行く
9. 糸を結ぶ
10. 薬の副作用

ていねいに 読みがなを 書きましょう

1. 貨物列車
2. 商店街に行く
3. 円の半径
4. ゆたかな漁場
5. 役目を果たす

名前

6. 単調な生活
7. 灯台の明かり
8. 外国の貨へい
9. 広い梅林
10. 発生した熱

ていねいに なぞり書きを しましょう

1 他国《たこく》との交流《こうりゅう》
2 本読《ほんよ》みの手本《てほん》
3 台《だい》に上《あ》がる
4 身《み》を立《た》てる
5 柱《はしら》を立《た》てる
6 家《いえ》を建《た》てる
7 電話《でんわ》をかける
8 卒園式《そつえんしき》に行《い》く
9 糸《いと》を結《むす》ぶ
10 薬《くすり》の副作用《ふくさよう》

名前

ていねいに なぞり書きを しましょう

1 貨物列車《かもつれっしゃ》
2 商店街《しょうてんがい》に行《い》く
3 円《えん》の半径《はんけい》
4 ゆたかな漁場《ぎょじょう》
5 役目《やくめ》を果《は》たす
6 単調《たんちょう》な生活《せいかつ》
7 灯台《とうだい》の明《あ》かり
8 外国《がいこく》の貨《か》へい
9 広《ひろ》い梅林《ばいりん》
10 発生《はっせい》した熱《ねつ》

名前

漢字を ていねいに 書きましょう

名前

1. たこくとのこうりゅう
2. ほんよみのてほん
3. だいにあがる
4. みをたてる
5. はしらをたてる
6. いえをたてる
7. でんわをかける
8. そつえんしきにいく
9. いとをむすぶ
10. くすりのふくさよう

漢字を ていねいに 書きましょう

名前

1. かもつれっしゃ
2. しょうてんがいにいく
3. えんのはんけい
4. ゆたかなぎょじょう
5. やくめをはたす
6. たんちょうなせいかつ
7. とうだいのあかり
8. がいこくのかへい
9. ひろいばいりん
10. はっせいしたねつ

まとめテスト（3）

P32
P36
P39

名前

（一問2点）

広い①②《ばいりん》

③④《みんぞく》館

⑤⑥《めいれい》

⑦⑧⑨《そつぎょうしき》

⑩⑪《たんちょう》な生活

⑫《はたらき》手

⑬⑭⑮《ふくだいじん》

⑯⑰《みらい》

ゴミが⑱《ちらかる》

⑲⑳《てつだう》

㉑㉒《けんこう》

高い㉓㉔《いち》

㉕㉖《きぼう》

㉗㉘㉙㉚《えいようまんてん》

円の㉛㉜《ちょっけい》

㉝㉞《しゅっけつ》をとる

㉟《りょう》に出る

㊱《うめ》の実

よい㊲㊳《けっか》

㊴㊵《てがる》に運ぶ

㊶㊷㊸《ひゃっかてん》

㊹㊺《がいとう》がつく

㊻㊼㊽《たんこうぼん》を読む

㊾《ま》っ㊿《か》

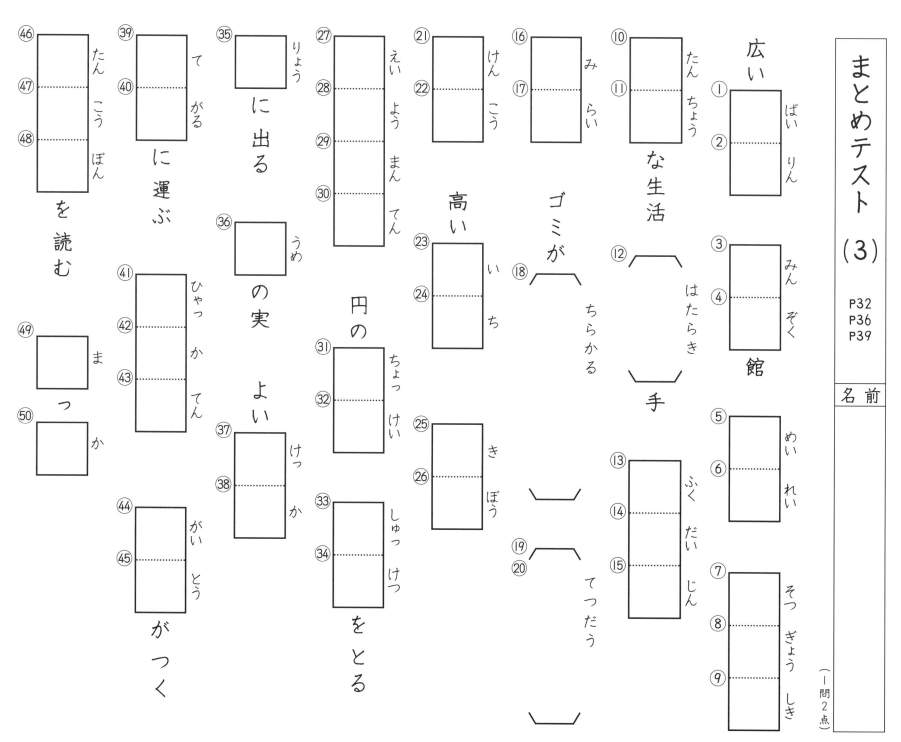

書きじゅんに 気をつけて ていねいに 書きましょう

新しく出た漢字 P42~P47 の書きじゅん

名前

漢字	音	訓	画数
栃		とち	九画
群	グン	む・むれる・むら	十三画
埼		さき さい	十一画
潟		かた（がた）	十五画
井	セイ ショウ	い	四画
梨	リ	なし	十一画
岡		おか	八画
茨		いばら	九画
奈	ナ		八画
富	フ フウ	とむ とみ	十二画
岐	キ（ギ）		七画
阜	フ	おか	八画

書きじゅんに 気をつけて ていねいに 書きましょう

新しく出た漢字 P45~P50 の書きじゅん

名前

漢字	音	訓	画数
滋	ジ（シ）		十二画
阪	ハン	さか	七画
徳	トク		十四画
香	コウ	か・かおる かおり	九画
佐	サ		七画
賀	ガ		十二画
崎		さき	十一画
熊		くま	十四画
沖	チュウ	おき	七画
縄	ジョウ	なわ	十五画
媛	エン	ひめ	十二画
鹿	ロク	しか・か	十一画

ていねいに読みがなを書きましょう

名前

1 北海道
2 青森県
3 岩手県
4 宮城県
5 秋田県
6 山形県
7 福島県
8 茨城県
9 栃木県
10 群馬県

ていねいに読みがなを書きましょう

名前

1 埼玉県
2 千葉県
3 東京都
4 神奈川県
5 新潟県
6 富山県
7 石川県
8 福井県
9 山梨県
10 長野県

ていねいに なぞり書きを しましょう

1 北海道《ほっかいどう》
2 青森県《あおもりけん》
3 岩手県《いわてけん》
4 宮城県《みやぎけん》
5 秋田県《あきたけん》

名前

6 山形県《やまがたけん》
7 福島県《ふくしまけん》
8 茨城県《いばらきけん》
9 栃木県《とちぎけん》
10 群馬県《ぐんまけん》

ていねいに なぞり書きを しましょう

1 埼玉県《さいたまけん》
2 千葉県《ちばけん》
3 東京都《とうきょうと》
4 神奈川県《かながわけん》
5 新潟県《にいがたけん》

名前

6 富山県《とやまけん》
7 石川県《いしかわけん》
8 福井県《ふくいけん》
9 山梨県《やまなしけん》
10 長野県《ながのけん》

漢字を ていねいに 書きましょう

名前

1. ほっかいどう
2. あおもりけん
3. いわてけん
4. みやぎけん
5. あきたけん
6. やまがたけん
7. ふくしまけん
8. いばらきけん
9. とちぎけん
10. ぐんまけん

漢字を ていねいに 書きましょう

名前

1. さいたまけん
2. ちばけん
3. とうきょうと
4. かながわけん
5. にいがたけん
6. とやまけん
7. いしかわけん
8. ふくいけん
9. やまなしけん
10. ながのけん

ていねいに読みがなを 書きましょう

名前

1 岐阜県
2 静岡県
3 愛知県
4 三重県
5 滋賀県
6 京都府
7 大阪府
8 兵庫県
9 奈良県
10 和歌山県

ていねいに読みがなを 書きましょう

名前

1 鳥取県
2 島根県
3 岡山県
4 広島県
5 山口県
6 徳島県
7 香川県
8 愛媛県
9 高知県
10 福岡県

ていねいに なぞり書きを しましょう

1 岐《ぎ》阜《ふ》県《けん》

2 静《しず》岡《おか》県《けん》

3 愛《あい》知《ち》県《けん》

4 三《み》重《え》県《けん》

5 滋《し》賀《が》県《けん》

名前

6 京《きょう》都《と》府《ふ》

7 大《おお》阪《さか》府《ふ》

8 兵《ひょう》庫《ご》県《けん》

9 奈《な》良《ら》県《けん》

10 和《わ》歌《か》山《やま》県《けん》

ていねいに なぞり書きを しましょう

1 鳥《とっ》取《とり》県《けん》

2 島《しま》根《ね》県《けん》

3 岡《おか》山《やま》県《けん》

4 広《ひろ》島《しま》県《けん》

5 山《やま》口《ぐち》県《けん》

名前

6 徳《とく》島《しま》県《けん》

7 香《か》川《がわ》県《けん》

8 愛《え》媛《ひめ》県《けん》

9 高《こう》知《ち》県《けん》

10 福《ふく》岡《おか》県《けん》

漢字を ていねいに 書きましょう

名前

1. ぎふけん
2. しずおかけん
3. あいちけん
4. みえけん
5. しがけん
6. きょうとふ
7. おおさかふ
8. ひょうごけん
9. ならけん
10. わかやまけん

漢字を ていねいに 書きましょう

名前

1. とっとりけん
2. しまねけん
3. おかやまけん
4. ひろしまけん
5. やまぐちけん
6. とくしまけん
7. かがわけん
8. えひめけん
9. こうちけん
10. ふくおかけん

ていねいに読みがなを書きましょう

名前

1 佐賀県

2 長崎県

3 熊本県

4 大分県

5 宮崎県

6 鹿児島県

7 沖縄県

8 水戸市

9 前橋市

10 名古屋市

ていねいに読みがなを書きましょう

名前

1 酒を飲む

2 美しい玉手箱

3 海岸を去る

4 皿を受け取る

5 鉄橋を通る

6 商店の行列

7 薬局の店主

8 追い落とす

9 始めと終わり

10 幸福度調べ

ていねいに なぞり書きを しましょう

名前

1 佐賀県《さがけん》

2 長崎県《ながさきけん》

3 熊本県《くまもとけん》

4 大分県《おおいたけん》

5 宮崎県《みやざきけん》

6 鹿児島県《かごしまけん》

7 沖縄県《おきなわけん》

8 水戸市《みとし》

9 前橋市《まえばしし》

10 名古屋市《なごやし》

ていねいに なぞり書きを しましょう

名前

1 酒《さけ》を飲《の》む

2 美《うつく》しい玉手箱《たまてばこ》

3 海岸《かいがん》を去《さ》る

4 皿《さら》を受《う》け取《と》る

5 鉄橋《てっきょう》を通《とお》る

6 商店《しょうてん》の行列《ぎょうれつ》

7 薬局《やっきょく》の店主《てんしゅ》

8 追《お》い落《お》とす

9 始《はじ》めと終《お》わり

10 幸福度《こうふくど》調《しら》べ

漢字を ていねいに 書きましょう

名前

1 さがけん
2 ながさきけん
3 くまもとけん
4 おおいたけん
5 みやざきけん
6 かごしまけん
7 おきなわけん
8 みとし
9 まえばしし
10 なごやし

漢字を ていねいに 書きましょう

名前

1 さけをのむ
2 うつくしいたまてばこ
3 かいがんをさる
4 さらをうけとる
5 てっきょうをとおる
6 しょうてんのぎょうれつ
7 やっきょくのてんしゅ
8 おいおとす
9 はじめとおわり
10 こうふくどしらべ

まとめテスト（4）

P44
P47
P50

名前

（1問2点）

- ① やま ② がた 県
- ③ とち ④ ぎ 県
- ⑤ ぐん ⑥ ま 県
- ⑦ ふく ⑧ い 県
- ⑨ か ⑩ な ⑪ がわ 県
- ⑫ さい ⑬ たま 県
- ⑭ にい ⑮ がた 県
- ⑯ と ⑰ やま 県
- ⑱ やま ⑲ なし 県
- ⑳ ぎ ㉑ ふ 県
- ㉒ か 川県
- ㉓ しず ㉔ おか 県
- ㉕ おお ㉖ さか 府
- ㉗ さ ㉘ が 県
- ㉙ いばら ㉚ き 県
- ㉛ とく ㉜ しま 県
- ㉝ なが ㉞ さき 県
- ㉟ し ㊱ が 県
- ㊲ くま 本県
- ㊳ おき ㊴ なわ 県
- ㊵ な ㊶ ら 県
- ㊷ か ㊸ ご ㊹ しま 県
- ㊺ え ㊻ ひめ 県
- ㊼ とっ ㊽ とり 県
- ㊾ おお ㊿ いた 県

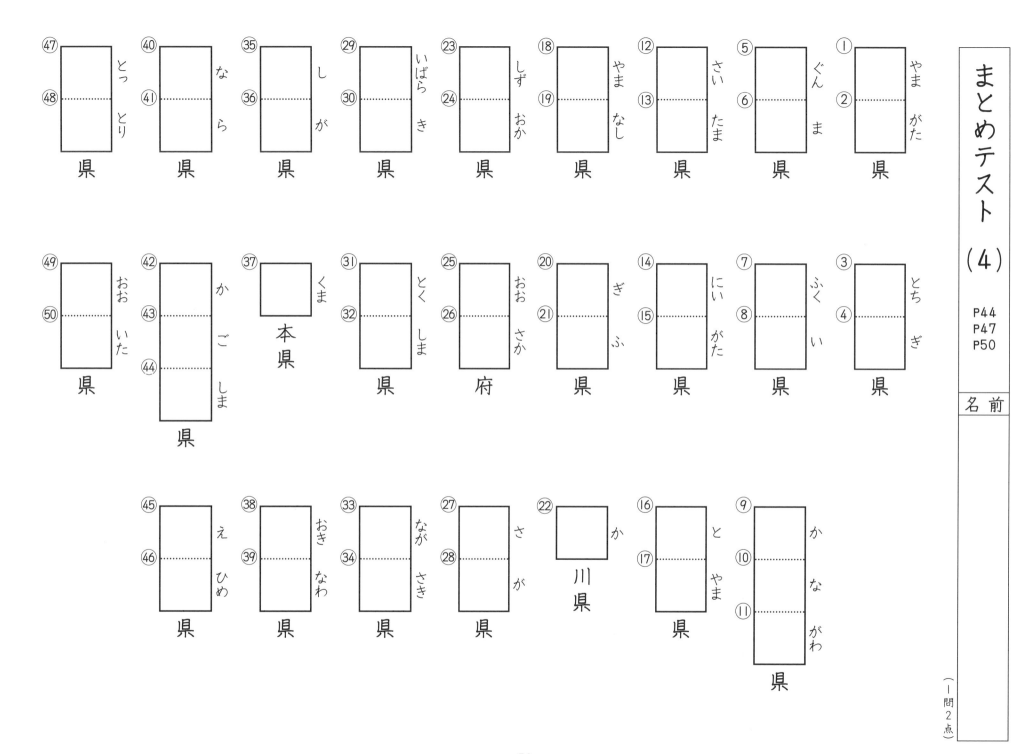

書きじゅんに　気をつけて　ていねいに　書きましょう

新しく出た漢字 P53～P55の書きじゅん

名前

漢字	音読み	訓読み	画数
変	ヘン	かわる・かえる	九画
種	シュ	たね	十四画
続	ゾク	つづく・つづける	十三画
折	セツ	おる・おり	七画
積	セキ	つむ・つもる	十六画
飯	ハン	めし	十二画
松	ショウ	まつ	八画
不	フ・ブ		四画
議	ギ		二十画
差	サ	さす	十画
念	ネン		八画

書きじゅんに　気をつけて　ていねいに　書きましょう

新しく出た漢字 P56～P58の書きじゅん

名前

漢字	音読み	訓読み	画数
連	レン	つらなる・つれる	十画
景	ケイ		十二画
末	マツ	すえ	五画
司	シ		五画
録	ロク		十六画
参	サン	まいる	八画
加	カ	くわえる・くわわる	五画
挙	キョ	あげる・あがる	十画
協	キョウ		八画
験	ケン		十八画
極	キョク		十二画

ていねいに読みがなを書きましょう

名前

1 特別な言語

2 気温の変化

3 菜種油

4 わが家に帰る

5 ふり続く雨

6 小川が流れる

7 草深い川岸

8 円い形の葉

9 土手に置く

10 真横に飛ぶ

ていねいに読みがなを書きましょう

名前

1 都の秋祭り

2 着物を着る

3 草をふみ折る

4 荷物を積む

5 後ろの物置

6 昼飯の時間

7 日本の松

8 不思議なゆめ

9 日が差す

10 念仏《ぶつ》を覚える

ていねいに なぞり書きを しましょう

1 特別《とくべつ》な言語《げんご》

2 気温《きおん》の変化《へんか》

3 菜種油《なたねあぶら》

4 わが家《や》に帰《かえ》る

5 ふり続《つづ》く雨《あめ》

名前

6 小川《おがわ》が流《なが》れる

7 草深《くさぶか》い川岸《かわぎし》

8 円《まる》い形《かたち》の葉《は》

9 土手《どて》に置《お》く

10 真横《まよこ》に飛《と》ぶ

ていねいに なぞり書きを しましょう

1 都《みやこ》の秋祭《あきまつ》り

2 着物《きもの》を着《き》る

3 草《くさ》をふみ折《お》る

4 荷物《にもつ》を積《つ》む

5 後《うし》ろの物置《ものおき》

名前

6 昼飯《ひるめし》の時間《じかん》

7 日本《にほん》の松《まつ》

8 不思議《ふしぎ》なゆめ

9 日《ひ》が差《さ》す

10 念仏《ねんぶつ》を覚《おぼ》える

漢字を ていねいに 書きましょう

1 とくべつなげんご
2 きおんのへんか
3 なたねあぶら
4 わがやにかえる
5 ふりつづくあめ

名前

6 おがわがながれる
7 くさぶかいかわぎし
8 まるいかたちのは
9 どてにおく
10 まよこにとぶ

漢字を ていねいに 書きましょう

1 みやこのあきまつり
2 きものをきる
3 くさをふみおる
4 にもつをつむ
5 うしろのものおき

名前

6 ひるめしのじかん
7 にほんのまつ
8 ふしぎなゆめ
9 ひがさす
10 ねんぶつをおぼえる 仏

ていねいに読みがなを書きましょう

1 旅に連れ立つ

2 お礼の品物

3 花火の火薬

4 情《じょう》景を考える

5 話の結末

名前

6 生まれ変わる

7 人物の気持ち

8 司会と記録係

9 参加者が多い

10 進行計画作成

ていねいに読みがなを書きましょう

1 式を挙げる

2 協力し合う

3 相手の立場

4 歌を決める

5 けい験を積む

名前

6 積極的な行動

7 黒板の使用

8 何度か行う

9 昭和の遊び

10 神話や童話

ていねいに なぞり書きを しましょう

名前

1 旅《たび》に連《つ》れ立《だ》つ

2 お礼《れい》の品物《しなもの》

3 花《はな》火《び》の火《か》薬《やく》

4 情景《じょうけい》を考《かんが》える

5 話《はなし》の結《けっ》末《まつ》

6 生《う》まれ変《か》わる

7 人物《じんぶつ》の気《き》持《も》ち

8 司《し》会《かい》と記《き》録《ろく》係《がかり》

9 参《さん》加《か》者《しゃ》が多《おお》い

10 進《しん》行《こう》計《けい》画《かく》作《さく》成《せい》

ていねいに なぞり書きを しましょう

名前

1 式《しき》を挙《あ》げる

2 協力《きょうりょく》し合《あ》う

3 相《あい》手《て》の立《たち》場《ば》

4 歌《うた》を決《き》める

5 けい験《けん》を積《つ》む

6 積極的《せっきょくてき》な行動《こうどう》

7 黒《こく》板《ばん》の使《し》用《よう》

8 何《なん》度《ど》か行《おこな》う

9 昭《しょう》和《わ》の遊《あそ》び

10 神《しん》話《わ》や童《どう》話《わ》

漢字を ていねいに 書きましょう

1 たびにつれだつ
2 おれいのしなもの
3 はなびのかやく
4 じょうけいをかんがえる 情
5 はなしのけつまつ

名前

6 うまれかわる
7 じんぶつのきもち
8 しかいときろくがかり
9 さんかしゃがおおい
10 しんこうけいかくさくせい

漢字を ていねいに 書きましょう

1 しきをあげる
2 きょうりょくしあう
3 あいてのたちば
4 うたをきめる
5 けいけんをつむ

名前

6 せっきょくてきなこうどう
7 こくばんのしよう
8 なんどかおこなう
9 しょうわのあそび
10 しんわやどうわ

まとめテスト（5）

P55
P58

名前

（一問2点）

①□《たね》まき　気持ちの②③□《へんか》　④⑤⑥□《ふしぎ》

ふり⑦（　）《つづく》　わが⑧□《や》　⑨⑩□《ひるめし》を⑪（　）《たべる》

えだを⑫（　）《おる》　⑬⑭□《ものがたり》の⑮⑯□《けつまつ》　⑰⑱□《どうわ》の本

⑲⑳□《おがわ》が㉑（　）《ながれる》　㉒□《ひ》が㉓（　）《さす》

㉔㉕□《しょうわ》時代　本を㉖（　）《つむ》　旅に㉗㉘（　）《つれだつ》

㉙□《まつ》の木　色が㉚（　）《かわる》　㉛㉜□《きょうりょく》　㉝㉞□《しかい》

お㉟□《ねん》仏《ぶつ》をあげる　楽しいけい㊱□《けん》　お㊲□《れい》

㊳㊴㊵□《せっきょくてき》　手を㊶（　）《あげる》　㊷㊸㊹□《きろくがかり》

㊺㊻□《ふうけい》がうかぶ　㊼㊽㊾□《さんかしゃ》が㊿（　）《おおい》

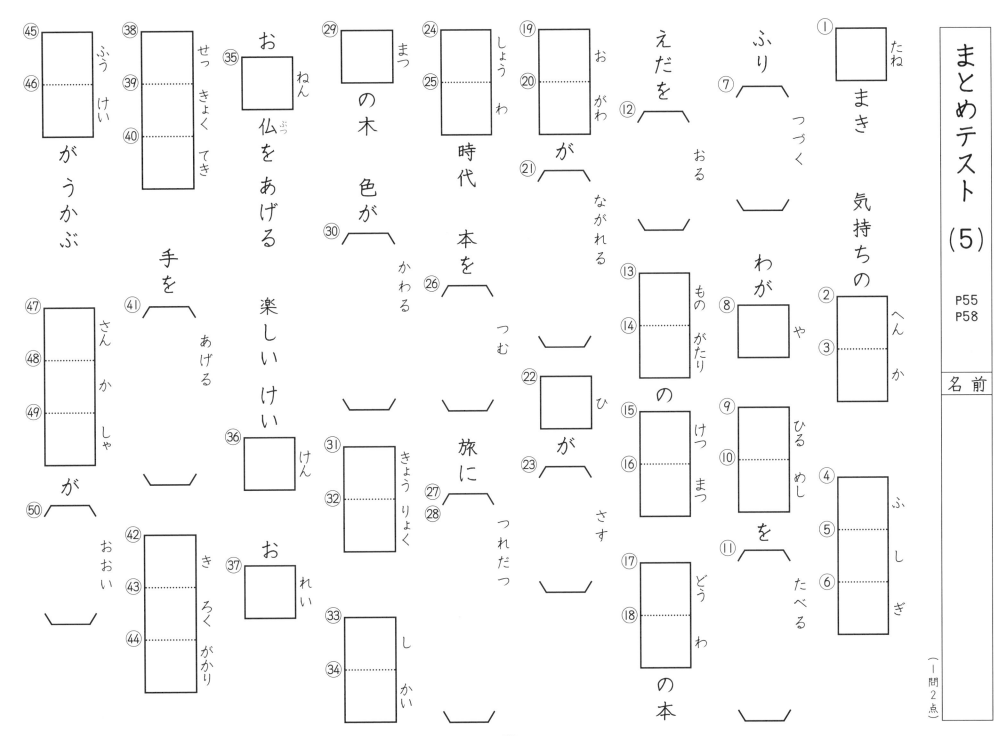

書きじゅんに　気をつけて
ていねいに　書きましょう

新しく出た漢字
P61～P63
の書きじゅん

名前

漢字	読み	画数
芸	ゲイ	七画
無	ブ　ム　ない	十二画
械	カイ	十一画
以	イ	五画
博	ハク	十二画
管	カン　くだ	十四画
便	ベン　ビン　たより	九画
孫	ソン　まご	十画
量	リョウ　はかる	十二画
借	シャク　かりる	十画
仲	なか	六画
底	テイ　そこ	八画

書きじゅんに　気をつけて
ていねいに　書きましょう

新しく出た漢字
P61～P66
の書きじゅん

名前

漢字	読み	画数
浅	あさい	九画
焼	やく　やける	十二画
利	リ	七画
笑	わらう	十画
省	セイ　ショウ　はぶく	九画
残	ザン　のこる　のこす	十画
周	シュウ　まわり	八画
課	カ	十五画
然	ゼン　ネン	十二画
浴	ヨク　あびる　あびせる	十画
芽	ガ　め	八画

ていねいに 読みがなを 書きましょう

名前

1. 伝とう工芸品
2. 無形文化ざい
3. 機械工業
4. 細い糸
5. 五人以上
6. 博物館の見学
7. 有名な絵画
8. 薬品を使う
9. 和紙の風合い
10. 健康管理

ていねいに 読みがなを 書きましょう

名前

1. 便せんに書く
2. 孫と遊ぶ
3. さとうの分量
4. 百科事典
5. 参考にする話
6. 本を借りる
7. 仲が良い
8. プールの底
9. 浅い川の流れ
10. 炭を焼く

ていねいになぞり書きをしましょう

1 伝《でん》とう工芸品《こうげいひん》
2 無《む》形文化《けいぶんか》ざい
3 機械工業《きかいこうぎょう》
4 細《ほそ》い糸《いと》
5 五人以上《ごにんいじょう》
6 博物館《はくぶつかん》の見学《けんがく》
7 有名《ゆうめい》な絵画《かいが》
8 薬品《やくひん》を使《つか》う
9 和紙《わし》の風合《ふうあ》い
10 健康管理《けんこうかんり》

名前

ていねいになぞり書きをしましょう

1 便《びん》せんに書《か》く
2 孫《まご》と遊《あそ》ぶ
3 さとうの分量《ぶんりょう》
4 百科事典《ひゃっかじてん》
5 参考《さんこう》にする話《はなし》
6 本《ほん》を借《か》りる
7 仲《なか》が良《よ》い
8 プールの底《そこ》
9 浅《あさ》い川《かわ》の流《なが》れ
10 炭《すみ》を焼《や》く

名前

漢字を ていねいに 書きましょう

1 びんせんにかく
2 まごとあそぶ
3 さとうのぶんりょう
4 ひゃっかじてん
5 さんこうにするはなし

名前

6 ほんをかりる
7 なかがよい
8 プールのそこ
9 あさいかわのながれ
10 すみをやく

漢字を ていねいに 書きましょう

1 でんとうこうげいひん
2 むけいぶんかざい
3 きかいこうぎょう
4 ほそいいと
5 ごにんいじょう

名前

6 はくぶつかんのけんがく
7 ゆうめいなかいが
8 やくひんをつかう
9 わしのふうあい
10 けんこうかんり

ていねいに読みがなを書きましょう

名前

1 金色のうつわ

2 自転車禁《きん》止

3 白熱した試合

4 有利に進める

5 にっこり笑う

6 大玉を転がす

7 太陽の強い光

8 養分や水分

9 地方への帰省

10 思い出に残る

ていねいに読みがなを書きましょう

名前

1 三月の半ば

2 祖父母と話す

3 池の周り

4 海外旅行

5 台風が発生

6 今年も暑い

7 放課後の時間

8 当然の結果

9 朝日を浴びる

10 新芽を発見

ていねいに なぞり書きを しましょう

名前

1 金色《こんじき》のうつわ

2 自転車禁止《じてんしゃきんし》

3 白熱《はくねつ》した試合《しあい》

4 有利《ゆうり》に進《すす》める

5 にっこり笑《わら》う

6 大玉《おおだま》を転《ころ》がす

7 太陽《たいよう》の強《つよ》い光《ひかり》

8 養分《ようぶん》や水分《すいぶん》

9 地方《ちほう》への帰省《きせい》

10 思《おも》い出《で》に残《のこ》る

ていねいに なぞり書きを しましょう

名前

1 三月《さんがつ》の半《なか》ば

2 祖父母《そふぼ》と話《はな》す

3 池《いけ》の周《まわ》り

4 海外旅行《かいがいりょこう》

5 台風《たいふう》が発生《はっせい》

6 今年《ことし》も暑《あつ》い

7 放課後《ほうかご》の時間《じかん》

8 当然《とうぜん》の結果《けっか》

9 朝日《あさひ》を浴《あ》びる

10 新芽《しんめ》を発見《はっけん》

漢字を ていねいに 書きましょう

1. こんじきのうつわ
2. じてんしゃきんし 禁
3. はくねつしたしあい
4. ゆうりにすすめる
5. にっこりわらう
6. おおだまをころがす
7. たいようのつよいひかり
8. ようぶんやすいぶん
9. ちほうへのきせい
10. おもいでにのこる

名前

漢字を ていねいに 書きましょう

1. さんがつのなかば
2. そふぼとはなす
3. いけのまわり
4. かいがいりょこう
5. たいふうがはっせい
6. ことしもあつい
7. ほうかごのじかん
8. とうぜんのけっか
9. あさひをあびる
10. しんめをはっけん

名前

書きじゅんに 気をつけて ていねいに 書きましょう

新しく出た漢字 P68～P70の書きじゅん

改 カイ あらためる あらたまる 七画

共 キョウ とも 六画

願 ガン ねがう 十九画

失 シツ うしなう 五画

辺 ヘン あたり べ 五画

練習しましょう

低 テイ ひくい ひくめる 七画

名前

書きじゅんに 気をつけて ていねいに 書きましょう

新しく出た漢字 P68～P70の書きじゅん

敗 ハイ やぶれる 十一画

老 ロウ おいる 六画

束 ソク たば 七画

票 ヒョウ 十一画

陸 リク 十一画

練習しましょう

名前

ていねいに 読みがなを 書きましょう

名前

1. だん落で改行
2. 冬期は運休
3. 共通点がある
4. 木刀を持つ
5. 無色とう明
6. 夜空に流星
7. 力作の発表
8. 伝言板に書く
9. 右岸の竹林
10. 願望がかなう

ていねいに 読みがなを 書きましょう

名前

1. 文書の消失
2. 池の周辺
3. 音の高低
4. 勝敗が決まる
5. 土地の売買
6. 松の老木
7. 花束をわたす
8. 開票作業
9. 飛行機の着陸
10. 上流の岩石

ていねいに なぞり書きを しましょう

1 だん落《らく》で改行《かいぎょう》

2 冬期《とうき》は運休《うんきゅう》

3 共通点《きょうつうてん》がある

4 木刀《ぼくとう》を持《も》つ

5 無色《むしょく》と明《めい》

6 夜空《よぞら》に流星《りゅうせい》

7 力作《りきさく》の発表《はっぴょう》

8 伝言板《でんごんばん》に書《か》く

9 右岸《うがん》の竹林《ちくりん》

10 願望《がんぼう》がかなう

名前

ていねいに なぞり書きを しましょう

1 文書《ぶんしょ》の消失《しょうしつ》

2 池《いけ》の周辺《しゅうへん》

3 音《おと》の高低《こうてい》

4 勝敗《しょうはい》が決《き》まる

5 土地《とち》の売買《ばいばい》

6 松《まつ》の老木《ろうぼく》

7 花束《はなたば》をわたす

8 開票作業《かいひょうさぎょう》

9 飛行機《ひこうき》の着陸《ちゃくりく》

10 上流《じょうりゅう》の岩石《がんせき》

名前

漢字を ていねいに書きましょう

名前

1 だんらくでかいぎょう
2 とうきはうんきゅう
3 きょうつうてんがある
4 ぼくとうをもつ
5 むしょくとうめい
6 よぞらにりゅうせい
7 りきさくのはっぴょう
8 でんごんばんにかく
9 うがんのちくりん
10 がんぼうがかなう

漢字を ていねいに書きましょう

名前

1 ぶんしょのしょうしつ
2 いけのしゅうへん
3 おとのこうてい
4 しょうはいがきまる
5 とちのばいばい
6 まつのろうぼく
7 はなたばをわたす
8 かいひょうさぎょう
9 ひこうきのちゃくりく
10 じょうりゅうのがんせき

まとめテスト(6)

P63
P66
P70

名前

（一問2点）

①□《こう》②□《げい》③□《ひん》

④□《はく》⑤□《ぶつ》⑥□《かん》

木の⑦□《め》

書類の保⑧□《かん》

⑨□《む》⑩□《しょく》とう明

ゆう⑪□《びん》

⑫□《がん》⑬□《ぼう》

日を⑭〔　〕《あびる》

⑮□《かい》⑯□《が》をかざる

⑰□《ぶん》⑱□《りょう》を考える

⑲〔　〕《のこる》

⑳□《き》㉑□《かい》で作る

駅の㉒□《しゅう》㉓□《へん》

次の文で㉔□《かい》㉕□《ぎょう》する

㉖□《まご》が来る

消㉗□《しつ》

㉘□《きょう》㉙□《つう》点

本を㉚〔　〕《かりる》

㉛□《さん》㉜□《こう》書

㉝□《ろう》人

㉞□《しょう》㉟□《はい》を決める

㊱□《なか》がよい

花㊲□《たば》

音の㊳□《こう》㊴□《てい》

㊵〔　〕《あさい》池の㊶□《そこ》

放㊷□《か》後

いもを㊸〔　〕《やく》

兄が有㊹□《り》だ

㊺〔　〕《わらい》声

当㊻□《ぜん》

空港に㊼□《ちゃく》㊽□《りく》する

一㊾□《ぴょう》を入れる

反㊿□《せい》会

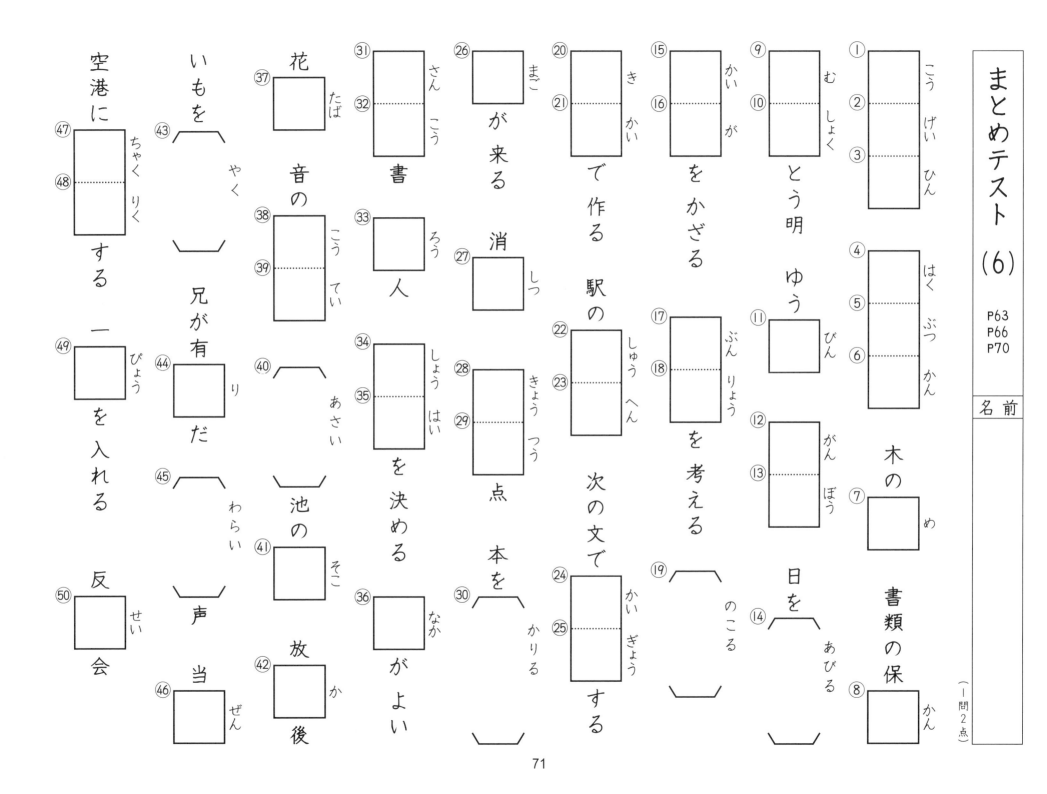

書きじゅんに　気をつけて　ていねいに　書きましょう

新しく出た漢字　P73～P78　の書きじゅん

名前

漢字	音読み	訓読み	画数
各	カク		六画
産	サン	うむ　うまれる	十一画
求	キュウ	もとめる	七画
付	フ	つける　つく	五画
固	コ	かためる　かたい	八画
塩	エン	しお	十三画
側	ソク	がわ	十一画
労	ロウ		七画
標	ヒョウ		十五画

書きじゅんに　気をつけて　ていねいに　書きましょう

新しく出た漢字　P76～P78　の書きじゅん

名前

漢字	音読み	訓読み	画数
官	カン		八画
巣		す	十一画
候	コウ		十画
察	サツ		十四画
兆	チョウ		六画
億	オク		十五画
鏡	キョウ	かがみ	十九画
害	ガイ		十画
刷	サツ	する	八画

ていねいに読みがなを書きましょう

名前

1. 小さな生き物
2. 池の真ん中
3. 黒い船体
4. 各地の様子
5. たまごを産む
6. 不思議な物語
7. 研究の成果
8. 仕事を求める
9. 細かなあみ目
10. 南東の海流

ていねいに読みがなを書きましょう

名前

1. 赤道直下
2. 年輪を数える
3. 名前を記す
4. 地形図の記号
5. この付近の店
6. 輪ゴムの数
7. 満月と新月
8. 考えが固まる
9. 塩分ひかえ目
10. 高い期待

ていねいに なぞり書きを しましょう

名前

1 小《ちい》さな生《い》き物《もの》

2 池《いけ》の真《ま》ん中《なか》

3 黒《くろ》い船《せん》体《たい》

4 各《かく》地《ち》の様《よう》子《す》

5 たまごを産《う》む

6 不《ふ》思《し》議《ぎ》な物《もの》語《がたり》

7 研《けん》究《きゅう》の成《せい》果《か》

8 仕《し》事《ごと》を求《もと》める

9 細《こま》かなあみ目《め》

10 南《なん》東《とう》の海《かい》流《りゅう》

ていねいに なぞり書きを しましょう

名前

1 赤《せき》道《どう》直《ちょっ》下《か》

2 年《ねん》輪《りん》を数《かぞ》える

3 名《な》前《まえ》を記《しる》す

4 地《ち》形《けい》図《ず》の記《き》号《ごう》

5 この付《ふ》近《きん》の店《みせ》

6 輪《わ》ゴムの数《かず》

7 満《まん》月《げつ》と新《しん》月《げつ》

8 考《かんが》えが固《かた》まる

9 塩《えん》分《ぶん》ひかえ目《め》

10 高《たか》い期《き》待《たい》

漢字を ていねいに 書きましょう

名前

1 ちいさないきもの
2 いけのまんなか
3 くろいせんたい
4 かくちのようす
5 たまごをうむ
6 ふしぎなものがたり
7 けんきゅうのせいか
8 しごとをもとめる
9 こまかなあみめ
10 なんとうのかいりゅう

漢字を ていねいに 書きましょう

名前

1 せきどうちょっか
2 ねんりんをかぞえる
3 なまえをしるす
4 ちけいずのきごう
5 このふきんのみせ
6 わゴムのかず
7 まんげつとしんげつ
8 かんがえがかたまる
9 えんぶんひかえめ
10 たかいきたい

ていねいに 読みがなを 書きましょう

名前

1 建物の南側
2 社会への関心
3 苦労して作る
4 目標を決める
5 外交官の仕事
6 野鳥を調べる
7 小鳥の巣
8 天候が心配
9 夜中の風雨
10 観察日記

ていねいに 読みがなを 書きましょう

名前

1 自ら光る石
2 六兆円
3 二千億光年
4 望遠鏡で見る
5 自然を守る
6 健康に害
7 点字の印刷
8 引用した部分
9 読後の感想文
10 間の取り方

ていねいに なぞり書きを しましょう

名前

1. 建物《たてもの》の南側《みなみがわ》
2. 社会《しゃかい》への関心《かんしん》
3. 苦労《くろう》して作《つく》る
4. 目標《もくひょう》を決《き》める
5. 外交官《がいこうかん》の仕事《しごと》
6. 野鳥《やちょう》を調《しら》べる
7. 小鳥《ことり》の巣《す》
8. 天候《てんこう》が心配《しんぱい》
9. 夜中《よなか》の風雨《ふうう》
10. 観察日記《かんさつにっき》

ていねいに なぞり書きを しましょう

名前

1. 自《みずか》ら光《ひか》る石《いし》
2. 六兆円《ろくちょうえん》
3. 二千億光年《にせんおくこうねん》
4. 望遠鏡《ぼうえんきょう》で見《み》る
5. 自然《しぜん》を守《まも》る
6. 健康《けんこう》に害《がい》
7. 点字《てんじ》の印刷《いんさつ》
8. 引用《いんよう》した部分《ぶぶん》
9. 読後《どくご》の感想文《かんそうぶん》
10. 間《ま》の取《と》り方《かた》

漢字をていねいに書きましょう

名前

1. たてもののみなみがわ
2. しゃかいへのかんしん
3. くろうしてつくる
4. もくひょうをきめる
5. がいこうかんのしごと
6. やちょうをしらべる
7. ことりのす
8. てんこうがしんぱい
9. よなかのふうう
10. かんさつにっき

漢字をていねいに書きましょう

名前

1. みずからひかるいし
2. ろくちょうえん
3. にせんおくこうねん
4. ぼうえんきょうでみる
5. しぜんをまもる
6. けんこうにがい
7. てんじのいんさつ
8. いんようしたぶぶん
9. どくごのかんそうぶん
10. まのとりかた

書きじゅんに 気をつけて ていねいに 書きましょう

治	チジ / おさめる・なおす	八画	丶 冫 氵 氵 氵 治 治 治
努	ド / つとめる	七画	く 女 女 如 奴 努 努
倉	ソウ / くら	十画	ノ 人 今 今 今 今 倉 倉 倉 倉
札	サツ / ふだ	五画	一 十 才 木 札
功	コウ	五画	一 T 工 功 功

新しく出た漢字 P80～P82 の書きじゅん

名前

練習しましょう

治 治 治 / 努 努 努 / 倉 倉 倉 / 札 札 札 / 功 功 功

書きじゅんに 気をつけて ていねいに 書きましょう

器	キ	十五画	丨 口 口 口 吅 吅 吅 哭 器 器 器 器 器 器 器
英	エイ	八画	一 十 艹 艹 艹 苂 英 英
牧	ボク	八画	ノ 丬 牛 牛 牜 牧 牧 牧
冷	レイ / つめたい / ひえる・さます	七画	丶 冫 冫 冷 冷 冷 冷
唱	ショウ / となえる	十一画	丨 口 口 口 叫 叩 旧 呾 唱 唱 唱

新しく出た漢字 P80～P82 の書きじゅん

名前

練習しましょう

器 器 器 / 英 英 英 / 牧 牧 牧 / 冷 冷 冷 / 唱 唱 唱

ていねいに読みがなを書きましょう

名前

1 病気が治る

2 努力して走る

3 港の倉庫

4 名札を付ける

5 実験は成功

6 打楽器の練習

7 英語で話す

8 牧場の見学

9 米作中心

10 戸外で遊ぶ

ていねいに読みがなを書きましょう

名前

1 木かげで休む

2 細い通り道

3 冷たい風

4 歯医者に行く

5 世界の果て

6 羊の群れ

7 何度も唱える

8 葉を拾う

9 地面の下の種

10 温かい食べ物

ていねいに なぞり書きを しましょう

1. 病気《びょうき》が治《なお》る
2. 努力《どりょく》して走《はし》る
3. 港《みなと》の倉庫《そうこ》
4. 名札《なふだ》を付《つ》ける
5. 実験《じっけん》は成功《せいこう》

名前

6. 打楽器《だがっき》の練習《れんしゅう》
7. 英語《えいご》で話《はな》す
8. 牧場《ぼくじょう》の見学《けんがく》
9. 米作《べいさく》中心《ちゅうしん》
10. 戸外《こがい》で遊《あそ》ぶ

ていねいに なぞり書きを しましょう

1. 木《こ》かげで休《やす》む
2. 細《ほそ》い通《とお》り道《みち》
3. 冷《つめ》たい風《かぜ》
4. 歯医者《はいしゃ》に行《い》く
5. 世界《せかい》の果《は》て

名前

6. 羊《ひつじ》の群《む》れ
7. 何度《なんど》も唱《とな》える
8. 葉《は》を拾《ひろ》う
9. 地面《じめん》の下《した》の種《たね》
10. 温《あたた》かい食《た》べ物《もの》

漢字を ていねいに 書きましょう

1 びょうきがなおる
2 どりょくしてはしる
3 みなとのそうこ
4 なふだをつける
5 じっけんはせいこう

名前

6 だがっきのれんしゅう
7 えいごではなす
8 ぼくじょうのけんがく
9 べいさくちゅうしん
10 こがいであそぶ

漢字を ていねいに 書きましょう

1 こかげでやすむ
2 ほそいとおりみち
3 つめたいかぜ
4 はいしゃにいく
5 せかいのはて

名前

6 ひつじのむれ
7 なんどもとなえる
8 はをひろう
9 じめんのしたのたね
10 あたたかいたべもの

まとめテスト（7）

P75
P78
P82

名前

（一問2点）

山の①②□□《ふきん》

③④□□《えんぶん》をひかえる

⑤⑥□□《かんさつ》

追い⑦（　）《もとめる》

南⑧□《がわ》

さい⑨□《がい》にそなえる

日本の⑩⑪□□《かくち》

たまごを⑫（　）《うむ》

⑬⑭□□《がっき》のえんそう

土が⑮（　）《かたまる》

⑯⑰⑱□□□《ぼうえんきょう》

⑲⑳□□《いんさつ》

㉑㉒□□《えいご》

㉓㉔□□《もくひょう》

八十一㉕□《ちょう》三千㉖□《おく》キロメートル

㉗㉘□□《てんこう》が㉙（　）《わるい》

きずが㉚（　）《はやく》㉛（　）《なおる》

㉜㉝□□《くろう》する

㉞（　）《はやく》走る

㉟㊱□□《どりょく》

㊲㊳□□《ぼくじょう》

㊴㊵㊶□□□《がいこうかん》になる

㊷㊸□□《そうこ》に運ぶ

㊹（　）《つめたい》

くもの㊺□《す》

名㊻□《ふだ》

実験が㊼㊽□□《せいこう》した

くりかえし㊾（　）《となえる》

㊿□《べい》作がさかん

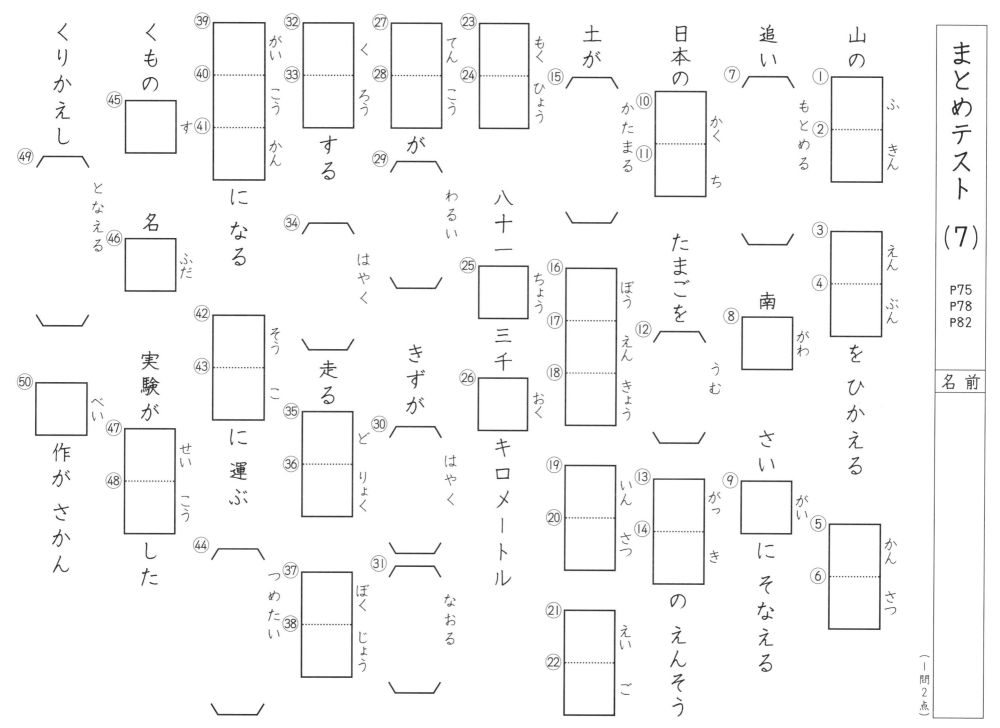

ていねいに 読みがなを 書きましょう

名前

1. 笛の係
2. 鼻血が出る
3. 二倍の面積
4. 世界地図
5. 図書委員
6. 体育館や校庭
7. 信号を待つ
8. 漢字の勉強
9. 両親のお客様
10. 洋服の整理

ていねいに 読みがなを 書きましょう

名前

1. 手帳を拾う
2. 住所は三丁目
3. 美化活動
4. 大木に登る
5. 反対の意見
6. 学級会の決定
7. 球を投げる
8. 必死に守る
9. 負けるが勝ち
10. 手書きの文集

ていねいに なぞり書きを しましょう

名前

1 笛《ふえ》の係《かかり》

2 鼻《はな》血《ぢ》が出《で》る

3 二《に》倍《ばい》の面《めん》積《せき》

4 世《せ》界《かい》地《ち》図《ず》

5 図《と》書《しょ》委《い》員《いん》

6 体《たい》育《いく》館《かん》や校《こう》庭《てい》

7 信《しん》号《ごう》を待《ま》つ

8 漢《かん》字《じ》の勉《べん》強《きょう》

9 両《りょう》親《しん》のお客《きゃく》様《さま》

10 洋《よう》服《ふく》の整《せい》理《り》

ていねいに なぞり書きを しましょう

名前

1 手《て》帳《ちょう》を拾《ひろ》う

2 住《じゅう》所《しょ》は三《さん》丁《ちょう》目《め》

3 美《び》化《か》活《かつ》動《どう》

4 大《たい》木《ぼく》に登《のぼ》る

5 反《はん》対《たい》の意《い》見《けん》

6 学《がっ》級《きゅう》会《かい》の決《けっ》定《てい》

7 球《たま》を投《な》げる

8 必《ひっ》死《し》に守《まも》る

9 負《ま》けるが勝《か》ち

10 手《て》書《が》きの文《ぶん》集《しゅう》

漢字を ていねいに 書きましょう

名前

1 ふえのかかり
2 はなちがでる
3 にばいのめんせき
4 せかいちず
5 としょいいん
6 たいいくかんやこうてい
7 しんごうをまつ
8 かんじのべんきょう
9 りょうしんのおきゃくさま
10 ようふくのせいり

漢字を ていねいに 書きましょう

名前

1 てちょうをひろう
2 じゅうしょはさんちょうめ
3 びかかつどう
4 たいぼくにのぼる
5 はんたいのいけん
6 がっきゅうかいのけってい
7 たまをなげる
8 ひっしにまもる
9 まけるがかち
10 てがきのぶんしゅう

四年生のまとめテスト(1)

名前

（新出漢字50問　1問2点）

①□《せき》につく

国語②□《じ》③□《てん》

④□《な》の花

⑤（　　）《なり》立ち

⑥□《さい》後

速⑦□《たつ》で送る

⑧□《くん》よみ

⑨□《じゅん》番に分

⑩□《るい》する

⑪□《しん》号

⑫□《れい》文

⑬□《し》合

⑭（　　）《しずか》な

⑮□《かん》客

⑯□《せん》⑰□《そう》

空を⑱（　　）《とぶ》

湯が⑲（　　）《あつい》

目⑳□《てき》地

㉑□《ひつ》要

㉒（　　）《なき》顔

㉓□《たて》物

日㉔（　　）《でり》

夏の㉕（　　）《はじめ》

㉖（　　）《すき》な

㉗□《せん》手

㉘□《ざい》㉙□《りょう》

㉚□《ふ》立図書館

㉛□《はた》をふる

㉜□《ぐん》名をはぶく

㉝□《りょう》心

お㉞□《しろ》

園㉟□《じ》

㊱（　　）《わかれ》の㊲□《き》㊳□《せつ》

飛行㊴□《き》

㊵□《せき》所

㊶□《あい》読書

㊷□《さく》日

㊸（　　）《つたえる》

㊹□《せつ》明

㊺□《きゅう》食

㊻（　　）《おぼえる》

㊼□《よう》点に㊽□《しるし》をつける

㊾□《まち》の

㊿□《あん》内

四年生のまとめテスト(2)

名前

(新出漢字50問　1問2点)

①（　　　）《いさましい》　②□《とく》別　③□《おっと》と二人　④□《やく》そく

⑤□《ほう》⑥□《たい》　⑦□《へい》⑧□《たい》　⑨□《しゅく》日　方⑩□《ほう》　国⑪□《みん》

⑫□《ぐん》歌　一⑬□《りん》車　⑭（　　　）《はたらく》　文字の⑮□《い》⑯□《ち》

⑰□《い》服　⑱□《けん》⑲□《こう》　花が⑳（　　　）《ちる》　㉑□《えい》㉒□《よう》

㉓□《し》名を書く　命㉔□《れい》　㉕□《まん》点　㉖□《たん》行本　百㉗□《か》店

㉘□《と》㉙□《きょう》走　㉚□《けっ》席　直㉛□《けい》　街《がい》㉜□《とう》　大㉝□《りょう》旗

㉞□《かん》成　㉟□《そつ》業　㊱□《けっ》㊲□《か》　㊳□《とち》木　新㊴□《がた》

㊵□《せい》書　㊶□《ふく》大㊷□《じん》　㊸□《ぐん》馬　㊹□《さい》玉

㊺□《み》来　㊻□《き》㊼□《ぼう》　㊽□《うめ》　福㊾□《い》　㊿□《し》賀

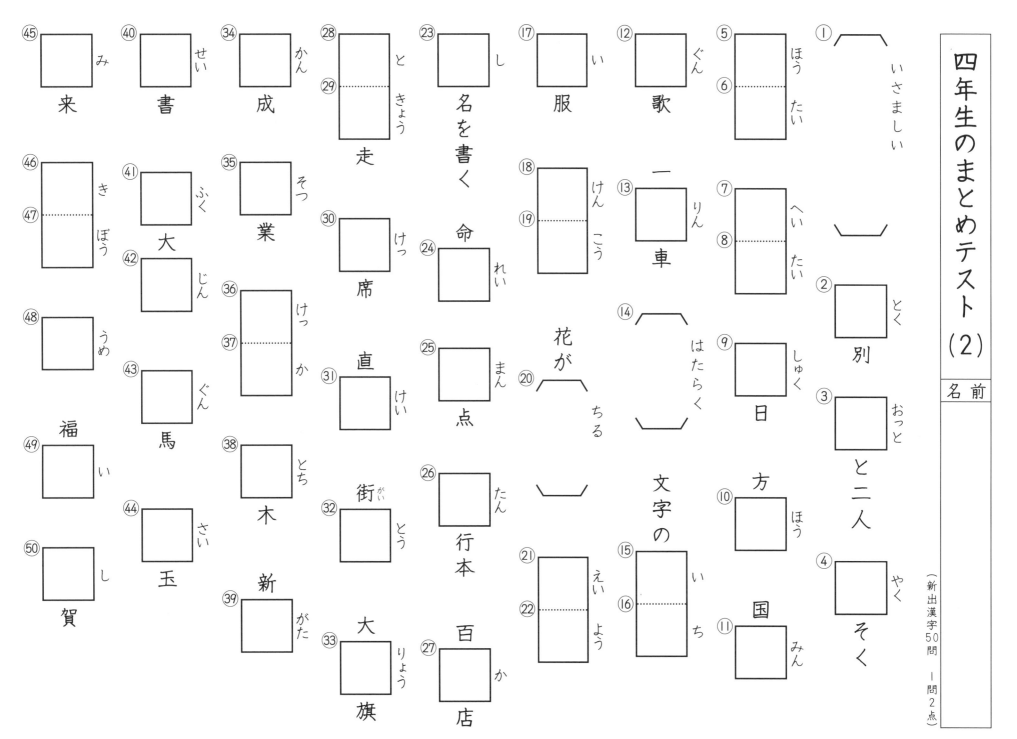

四年生のまとめテスト(3)

名前

(新出漢字50問　1問2点)

①□《くま》本
②□《おき》③□《なわ》
④□《か》児島
⑤□《いばら》城
大⑥□《さか》
愛⑦□《ひめ》

静⑧□《おか》
⑨□《と》山
⑩□《ぎ》⑪□《ふ》
⑫□《ねん》ぶつ
⑬□《さ》⑭□《が》

山⑮□《なし》
⑯□《とく》島
⑰□《か》川
長⑱□《さき》
神⑲□《な》川
計⑳□《りょう》

㉑□《へん》化
㉒（　　）《つづく》
㉓（　　）《つむ》
結㉔□《まつ》
㉕□《さん》㉖□《か》

㉗（　　）《かりる》
㉘□《たね》まき
保㉙□《かん》
㉚□《げい》じゅつ
㉛□《まご》

ほねを㉜（　　）《おる》
㉝（　　）《つれる》
記㉞□《ろく》
けい㉟□《けん》

昼㊱□《めし》
㊲□《びん》せん
日が㊳（　　）《さす》
機㊴□《かい》
㊵□《い》上

㊶□《ふ》思《し》㊷□《ぎ》
㊸□《し》会
手を㊹（　　）《あげる》
㊺□《はく》物館

風㊻□《けい》
㊼□《きょう》力者
積㊽□《きょく》的
㊾□《む》色
㊿□《まつ》たけ

四年生のまとめテスト（4）

名前

（新出漢字と読み方が新しい漢字　一問2点）

たまごを①［　］《うむ》

全国②□《かく》地

③□《がん》望

周④□《へん》

⑤□《なか》がよい

⑥□《り》用

⑦［　］《わらう》

世話を⑧［　］《やく》

⑨□《そこ》が⑩［　］《あさい》

木の⑪□《め》

帰⑫□《せい》

⑬［　］《のこる》

家の⑭［　］《まわり》

自⑮□《ぜん》の光を⑯［　］《あびる》

⑰□《かい》行する

放⑱□《か》後

⑲□《どう》時

花⑳□《たば》

着㉑□《りく》

㉒□《とも》㉓□《だち》

㉔□《きょう》通

開㉕□《ひょう》

消㉖□《しつ》

音㉗□《せい》

積㉘□《せつ》

勝㉙□《はい》

㉚□《せい》年

照㉛□《めい》

㉜□《つう》学

㉝□《こう》大な土地

感㉞□《ち》

㉟□《こう》期

㊱□《かく》数

漢字の部㊲□《しゅ》

お㊳□《やしろ》

㊴□《うん》海

㊵□《りっ》㊶□《しゅん》

東㊷□《ざい》㊸□《なん》㊹□《ぼく》

㊺□《もと》を正す

㊻□《ろう》木

㊼□《てい》音

㊽［　］《えらぶ》

㊾□《し》区町㊿□《そん》

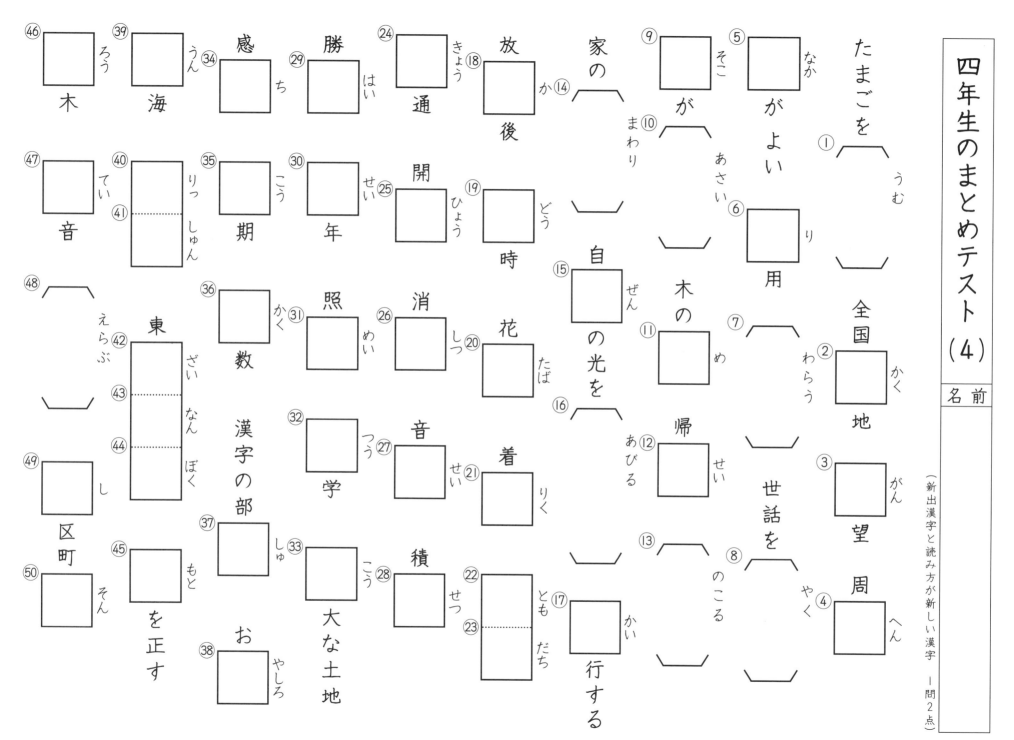

四年生のまとめテスト（5）

名前

（新出漢字と読み方が新しい漢字　一問2点）

まど ① □《がわ》

② □《えん》分

苦 ③ □《ろう》

外交 ④ □《かん》

鳥の ⑤ □《す》

⑥ □《ふ》近の家

観 ⑦ □《さつ》

八 ⑧ □《ちょう》

三千 ⑨ □《おく》円

⑩ □《がい》虫

印 ⑪ □《さつ》

⑫ （　　）《もとめる》

⑬ □《そう》庫

⑭ □《えい》語

⑮ □《ぼく》場

⑯ （　　）《つつむ》

⑰ （　　）《かたまる》

天 ⑱ □《こう》

成 ⑲ □《こう》

じゅ文を ⑳ （　　）《となえる》

一 ㉑ □《しょう》

目 ㉒ □《ひょう》

㉓ □《ど》力

㉔ （　　）《つめたい》

㉕ □《ず》がいこつ

㉖ □《しゅう》分の日

望遠 ㉗ □《きょう》

名 ㉘ □《ふだ》

㉙ □《こん》 ㉚ □《じき》

㉛ □《たな》 ㉜ □《ばた》

わが ㉝ □《や》

病気が ㉞ （　　）《なおる》

楽 ㉟ □《き》

㊱ □《お》川

㊲ □《し》考

色が ㊳ （　　）《かわる》

㊴ □《しん》 ㊵ □《りん》

㊶ □《かい》画

参 ㊷ □《こう》

㊸ □《くう》港

禁《きん》 ㊹ □《し》

㊺ （　　）《もちいる》

㊻ □《あ》 ㊼ □《す》

㊽ □《きの》 ㊾ □《う》

工 ㊿ □《ふう》

四年生のまとめテスト(6)

名前

（読み方が新しい漢字50問　1問2点）

①□《たい》風　②□《なか》ば　③□《とう》みん　流④□《せい》　地図に⑤（　）《しるす》

⑥□《はく》鳥　祖⑦□《ふ》⑧□《ぼ》　⑨□《ちく》林　火山⑩□《がん》

⑪□《こ》⑫□《とし》　⑬□《ぼく》⑭□《とう》をふる　伝⑮□《ごん》　⑯□《う》折

無⑰□《しょく》とう明　人⑱□《りき》車　売⑲□《ばい》　野⑳□《ちょう》　㉑□《こ》かげ

㉒□《こう》知県　㉓（　）《みずから》　㉔□《こ》外　㉕□《とっ》㉖□《とり》県　山㉗□《がた》県

㉘□《せき》飯　㉙□《べい》作　㉚□《え》㉛□《ひめ》県　㉜□《おお》㉝□《いた》県　㉞□《みや》㉟□《ぎ》県

風㊱□《う》が強い　㊲□《か》㊳□《ご》島県　群㊴□《ま》県

㊵□《し》然　㊶□《な》㊷□《ら》県　㊸□《にい》潟県　㊹□《か》㊺□《な》川県

回㊻□《とう》　㊼□《ま》っ㊽□《か》　人㊾□《こう》がへる　手㊿（　）《つだう》

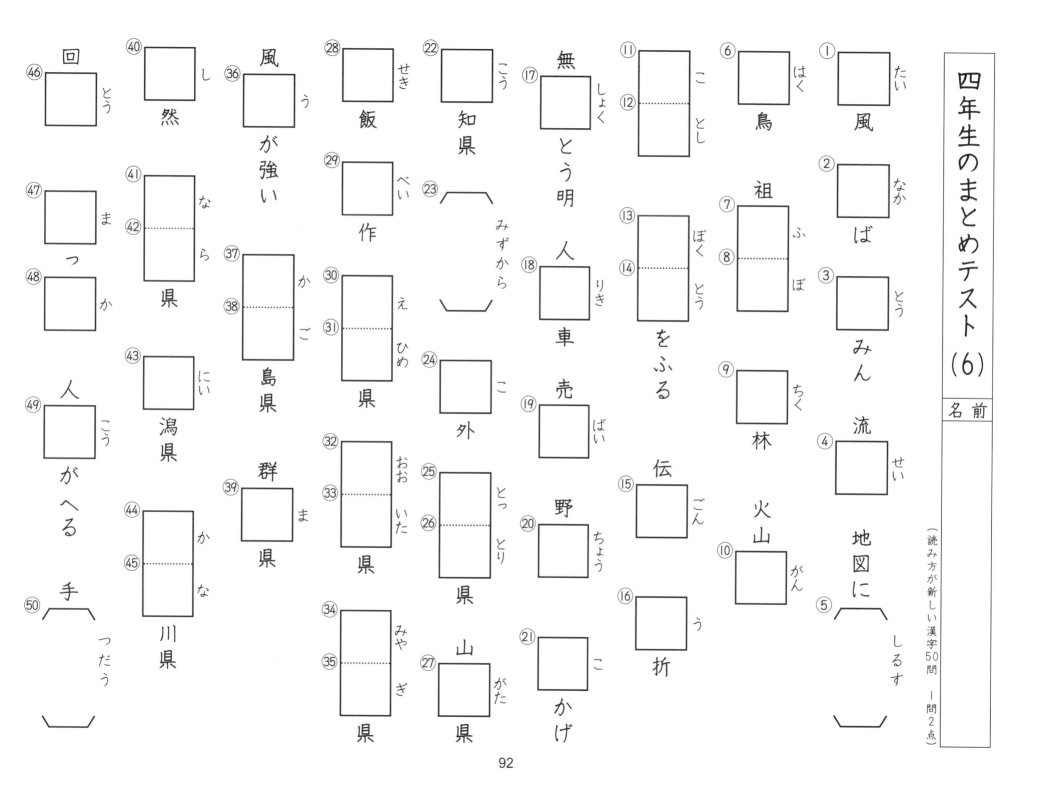

P.13

まとめテスト（1）

P5 P8 P12

名前

（一問2点）

① 菜《な》の花

②③ 建物《たてもの》

④ 席《せき》につく

⑤ 例《れい》文をあげる

⑥⑦ 信号《しんごう》

⑧ 昨《さく》夜

⑨⑩ 良薬《りょうやく》は口に苦《にが》し

⑪⑫ 立春《りっしゅん》

⑬⑭ 料理《りょうり》

テレビの ⑮⑯ 音声《おんせい》

⑰⑱ 新雪《しんせつ》をふむ

⑲ 通《つう》学

⑳㉑ 速達《そくたつ》を出す

㉒㉓ 照明《しょうめい》が暗い

国語 ㉔㉕ 辞典《じてん》

㉖㉗ 雲海《うんかい》が広がる

湯が ㉘ 熱い《あつい》

五才の ㉙㉚ 園児《えんじ》

日 ㉛ 照り《てり》

京都 ㉜㉝ 府立《ふりつ》の学校

㉞ 訓《くん》読み

親子 ㉟㊱ 関係《かんけい》

㊲㊳ 成り立ち《なりたち》

㊴㊵ 順番《じゅんばん》にならぶ

㊶㊷ 漢字《かんじ》の ㊸㊹ 画数《かくすう》

㊺ 愛《あい》読書

㊻㊼㊽㊾ 東西南北《とうざいなんぼく》

お ㊿ 城《しろ》

13

P.28

まとめテスト（2）

P16 P20 P24 P27

名前

（一問2点）

① 氏《し》名を ② 覚える《おぼえる》

③④ 必要《ひつよう》な物

⑤⑥ 要点《ようてん》を ⑦ 伝える《つたえる》

⑧ 初め《はじめ》の ⑨ 印《いん》象《しょう》

⑩ 街《まち》の ⑪⑫⑬ 案内図《あんないず》

⑭ 静か《しずか》な人

⑮ 旗《はた》をふる

⑯⑰⑱ 目的地《もくてきち》

ニュースを ⑲⑳ 取材《しゅざい》する

㉑㉒㉓ 徒競走《ときょうそう》

㉔㉕ 試合《しあい》の ㉖㉗ 後半《こうはん》

㉘㉙ 兵隊《へいたい》

㉚㉛ 特別《とくべつ》

㉜㉝㉞ 観客席《かんきゃくせき》

㉟ 勇ましい《いさましい》

㊱ 軍《ぐん》歌

㊲㊳㊴ 衣料品《いりょうひん》

㊵ 同《どう》時に ㊶ 選ぶ《えらぶ》

㊷ 祝《しゅく》日

㊸ 郡《ぐん》部にある村

㊹㊺ 戦争《せんそう》

お ㊻ 別れ《わかれ》会

㊼ 夫《おっと》と出かける

㊽㊾ 季節《きせつ》のたより

赤ちゃんが ㊿ 泣く《なく》

28

P.40

まとめテスト（3）

P32 P36 P39

名前

（一問2点）

広い ①② 梅林《ばいりん》

③④ 民族《みんぞく》館

⑤⑥ 命令《めいれい》

⑦⑧⑨ 卒業式《そつぎょうしき》

⑩⑪ 単調《たんちょう》な生活

⑫ 働き《はたらき》手

⑬⑭⑮ 副大臣《ふくだいじん》

⑯⑰ 未来《みらい》

ゴミが ⑱ 散らかる《ちらかる》

⑲⑳ 手伝う《てつだう》

㉑㉒ 健康《けんこう》

高い ㉓㉔ 位置《いち》

㉕㉖ 希望《きぼう》

㉗㉘㉙㉚ 栄養満点《えいようまんてん》

円の ㉛㉜ 直径《ちょっけい》

㉝㉞ 出欠《しゅっけつ》をとる

㉟ 漁《りょう》に出る

㊱ 梅《うめ》の実

よい ㊲㊳ 結果《けっか》

㊴㊵ 手軽《てがる》に運ぶ

㊶㊷㊸ 百貨店《ひゃっかてん》

㊹㊺ 街灯《がいとう》がつく

㊻㊼㊽ 単行本《たんこうぼん》を読む

㊾ 真《ま》っ ㊿ 赤《か》

40

P.51

まとめテスト（4）

P44 P47 P50

名前

（一問2点）

①② 山形《やまがた》県

③④ 栃木《とちぎ》県

⑤⑥ 群馬《ぐんま》県

⑦⑧ 福井《ふくい》県

⑨⑩⑪ 神奈川《かながわ》県

⑫⑬ 埼玉《さいたま》県

⑭⑮ 新潟《にいがた》県

⑯⑰ 富山《とやま》県

⑱⑲ 山梨《やまなし》県

⑳㉑ 岐阜《ぎふ》県

㉒ 香《か》川県

㉓㉔ 静岡《しずおか》県

㉕㉖ 大阪《おおさか》府

㉗㉘ 佐賀《さが》県

㉙㉚ 茨城《いばらき》県

㉛㉜ 徳島《とくしま》県

㉝㉞ 長崎《ながさき》県

㉟㊱ 滋賀《しが》県

㊲ 熊《くま》本県

㊳㊴ 沖縄《おきなわ》県

㊵㊶ 奈良《なら》県

㊷㊸㊹ 鹿児島《かごしま》県

㊺㊻ 愛媛《えひめ》県

㊼㊽ 鳥取《とっとり》県

㊾㊿ 大分《おおいた》県

51

P.59

まとめテスト（5）

P55 P58

名前

（一問2点）

①種《たね》まき　気持ちの②変《へん》③化《か》　④不《ふ》⑤思《し》⑥議《ぎ》
ふり⑦〔続く《つづく》〕　わが⑧家《や》　⑨昼《ひる》⑩飯《めし》を⑪〔食べる《たべる》〕
えだを⑫〔折る《おる》〕　⑬物《もの》⑭語《がたり》の⑮結《けつ》⑯末《まつ》　⑰童《どう》⑱話《わ》の本
⑲小《お》⑳川《がわ》が㉑〔流れる《ながれる》〕　㉒日《ひ》が㉓〔差す《さす》〕
㉔昭《しょう》㉕和《わ》時代　本を㉖〔積む《つむ》〕　旅に㉗㉘〔連れ立つ《つれだつ》〕
㉙松《まつ》の木　色が㉚〔変わる《かわる》〕　㉛協《きょう》㉜力《りょく》　㉝司《し》㉞会《かい》
お㉟念《ねん》仏《ぶ》をあげる　楽しいけい㊱験《けん》　お㊲礼《れい》
㊳積《せっ》㊴極《きょく》㊵的《てき》　手を㊶〔挙げる《あげる》〕　㊷記《き》㊸録《ろく》㊹係《がかり》
㊺風《ふう》㊻景《けい》がうかぶ　㊼参《さん》㊽加《か》㊾者《しゃ》が㊿〔多い《おおい》〕

59

P.71

まとめテスト（6）

P63 P66 P70

名前

（一問2点）

①工《こう》②芸《げい》③品《ひん》　④博《はく》⑤物《ぶつ》⑥館《かん》　木の⑦芽《め》　書類の保⑧管《かん》
⑨無《む》⑩色《しょく》とう明　ゆう⑪便《びん》　⑫願《がん》⑬望《ぼう》　日を⑭〔浴びる《あびる》〕
⑮絵《かい》⑯画《が》をかざる　⑰分《ぶん》⑱量《りょう》を考える　⑲〔残る《のこる》〕
⑳機《き》㉑械《かい》で作る　駅の㉒周《しゅう》㉓辺《へん》　次の文で㉔改《かい》㉕行《ぎょう》する
㉖孫《まご》が来る　消㉗失《しつ》　㉘共《きょう》㉙通《つう》点　本を㉚〔借りる《かりる》〕
㉛参《さん》㉜考《こう》書　㉝老《ろう》人　㉞勝《しょう》㉟敗《はい》を決める　㊱仲《なか》がよい
花㊲束《たば》　音の㊳高《こう》㊴低《てい》　㊵〔浅い《あさい》〕池の㊶底《そこ》　放㊷課《か》後
いもを㊸〔焼く《やく》〕　兄が有㊹利《り》だ　㊺〔笑い《わらい》〕声　当㊻然《ぜん》
空港に㊼着《ちゃく》㊽陸《りく》する　一㊾票《ひょう》を入れる　反㊿省《せい》会

71

P.83

まとめテスト（7）

P75 P78 P82

名前

（一問2点）

山の①付《ふ》②近《きん》　③塩《えん》④分《ぶん》をひかえる　⑤観《かん》⑥察《さつ》
追い⑦〔求める《もとめる》〕　南⑧側《がわ》　さい⑨害《がい》にそなえる
日本の⑩各《かく》⑪地《ち》　たまごを⑫〔産む《うむ》〕　⑬楽《がっ》⑭器《き》のえんそう
土が⑮〔固まる《かたまる》〕　⑯望《ぼう》⑰遠《えん》⑱鏡《きょう》　⑲印《いん》⑳刷《さつ》　㉑英《えい》㉒語《ご》
㉓目《もく》㉔標《ひょう》　八十一㉕兆《ちょう》三千㉖億《おく》キロメートル
㉗天《てん》㉘候《こう》が㉙〔悪い《わるい》〕　きずが㉚〔早く《はやく》〕㉛〔治る《なおる》〕
㉜苦《く》㉝労《ろう》する　㉞〔速く《はやく》〕走る　㉟努《ど》㊱力《りょく》　㊲牧《ぼく》㊳場《じょう》
㊴外《がい》㊵交《こう》㊶官《かん》になる　㊷倉《そう》㊸庫《こ》に運ぶ　㊹〔冷たい《つめたい》〕
くもの㊺巣《す》　名㊻札《ふだ》　実験が㊼成《せい》㊽功《こう》した
くりかえし㊾〔唱える《となえる》〕　㊿米《べい》作がさかん

83

P.87

四年生のまとめテスト（1）

名前

（新出漢字50問　一問2点）

①席《せき》につく　国語②辞《じ》③典《てん》　④菜《な》の花　⑤〔成り《なり》〕立ち　⑥最《さい》後
速⑦達《たつ》で送る　⑧訓《くん》よみ　⑨順《じゅん》番に分⑩類《るい》する
⑪信《しん》号　⑫例《れい》文　⑬試《し》合　⑭〔静か《しずか》〕な⑮観《かん》客　⑯戦《せん》⑰争《そう》
空を⑱〔飛ぶ《とぶ》〕　湯が⑲〔熱い《あつい》〕　目⑳的《てき》地　㉑必《ひつ》要　㉒〔泣き《なき》〕顔
㉓建《たて》物　日㉔〔照り《てり》〕　夏の㉕〔初め《はじめ》〕　㉖〔好き《すき》〕な㉗選《せん》手
㉘材《ざい》㉙料《りょう》　㉚府《ふ》立図書館　㉛旗《はた》をふる　㉜郡《ぐん》名をはぶく
㉝良《りょう》心　お㉞城《しろ》　園㉟児《じ》　㊱〔別れ《わかれ》〕の㊲季《き》㊳節《せつ》　飛行㊴機《き》
㊵関《せき》所　㊶愛《あい》読書　㊷昨《さく》日　㊸〔伝える《つたえる》〕　㊹説《せつ》明　㊺給《きゅう》食
㊻〔覚える《おぼえる》〕　㊼要《よう》点に㊽印《しるし》をつける　㊾街《まち》の㊿案《あん》内

87

P.88

四年生のまとめテスト（2）

名前

（新出漢字50問　一問2点）

①勇ましい《いさましい》　②特《とく》別　③夫《おっと》と二人　④約《やく》そく

⑤包《ほう》⑥帯《たい》　⑦兵《へい》⑧隊《たい》　⑨祝《しゅく》日　方⑩法《ほう》　国⑪民《みん》

⑫軍《ぐん》歌　一⑬輪《りん》車　⑭働く《はたらく》　文字の⑮位《い》⑯置《ち》

⑰衣《い》服　⑱健《けん》⑲康《こう》　花が⑳散る《ちる》　㉑栄《えい》㉒養《よう》

㉓氏《し》名を書く　命㉔令《れい》　㉕満《まん》点　㉖単《たん》行本　百㉗貨《か》店

㉘徒《と》㉙競《きょう》走　㉚欠《けっ》席　直㉛径《けい》　街㉜灯《とう》　大㉝漁《りょう》旗

㉞完《かん》成　㉟卒《そつ》業　㊱結《けっ》㊲果《か》　㊳栃《とち》木　新㊴潟《がた》

㊵清《せい》書　㊶副《ふく》大㊷臣《じん》　㊸群《ぐん》馬　㊹埼《さい》玉

㊺未《み》来　㊻希《き》㊼望《ぼう》　㊽梅《うめ》　福㊾井《い》　㊿滋《し》賀

88

P.89

四年生のまとめテスト（3）

名前

（新出漢字50問　一問2点）

①熊《くま》本　②沖《おき》③縄《なわ》　④鹿《か》児島　⑤茨《いばら》城　大⑥阪《さか》　愛⑦媛《ひめ》

静⑧岡《おか》　⑨富《と》山　⑩岐《ぎ》⑪阜《ふ》　⑫念《ねん》ぶつ　⑬佐《さ》⑭賀《が》

山⑮梨《なし》　⑯徳《とく》島　⑰香《か》川　長⑱崎《さき》　神⑲奈《な》川　計⑳量《りょう》

㉑変《へん》化　㉒続く《つづく》　㉓積む《つむ》　結㉔末《まつ》　㉕参《さん》㉖加《か》

㉗借りる《かりる》　㉘種《たね》まき　保㉙管《かん》　㉚芸《げい》じゅつ　㉛孫《まご》

ほねを㉜折る《おる》　㉝連れる《つれる》　記㉞録《ろく》　けい㉟験《けん》

昼㊱飯《めし》　㊲便《びん》せん　日が㊳差す《さす》　機㊴械《かい》　㊵以《い》上

㊶不《ふ》思㊷議《ぎ》　㊸司《し》会　手を㊹挙げる《あげる》　㊺博《はく》物館

風㊻景《けい》　㊼協《きょう》力者　積㊽極《きょく》的　㊾無《む》色　㊿松《まつ》たけ

89

P.90

四年生のまとめテスト（4）

名前

（新出漢字と読み方が新しい漢字　一問2点）

たまごを①産む《うむ》　全国②各《かく》地　③願《がん》望　周④辺《へん》

⑤仲《なか》がよい　⑥利《り》用　⑦笑う《わらう》　世話を⑧焼く《やく》

⑨底《そこ》が⑩浅い《あさい》　木の⑪芽《め》　帰⑫省《せい》　⑬残る《のこる》

家の⑭周り《まわり》　自⑮然《ぜん》の光を⑯浴びる《あびる》　⑰改《かい》行する

放⑱課《か》後　⑲同《どう》時　花⑳束《たば》　着㉑陸《りく》　㉒友《とも》㉓達《だち》

㉔共《きょう》通　開㉕票《ひょう》　消㉖失《しつ》　音㉗声《せい》　積㉘雪《せつ》

勝㉙敗《はい》　㉚青《せい》年　照㉛明《めい》　㉜通《つう》学　㉝広《こう》大な土地

感㉞知《ち》　㉟後《こう》期　㊱画《かく》数　漢字の部㊲首《しゅ》　お㊳社《やしろ》

㊴雲《うん》海　㊵立《りっ》㊶春《しゅん》　東㊷西《ざい》㊸南《なん》㊹北《ぼく》　㊺本《もと》を正す

㊻老《ろう》木　㊼低《てい》音　㊽選ぶ《えらぶ》　㊾市《し》区町　㊿村《そん》

90

P.91

四年生のまとめテスト（5）

名前

（新出漢字と読み方が新しい漢字　一問2点）

まど①側《がわ》　②塩《えん》分　苦③労《ろう》　外交④官《かん》　鳥の⑤巣《す》

⑥付《ふ》近の家　観⑦察《さつ》　八⑧兆《ちょう》　三千⑨億《おく》円　⑩害《がい》虫　印⑪刷《さつ》

⑫求める《もとめる》　⑬倉《そう》庫　⑭英《えい》語　⑮牧《ぼく》場　⑯包む《つつむ》

⑰固まる《かたまる》　天⑱候《こう》　成⑲功《こう》　じゅ文を⑳唱える《となえる》

一㉑生《しょう》　目㉒標《ひょう》　㉓努《ど》力　㉔冷たい《つめたい》　㉕頭《ず》がいこつ

㉖秋《しゅう》分の日　望遠㉗鏡《きょう》　名㉘札《ふだ》　㉙金《こん》㉚色《じき》　㉛七《たな》㉜夕《ばた》

わが㉝家《や》　病気が㉞治る《なおる》　楽㉟器《き》　㊱小《お》川　㊲思《し》考

色が㊳変わる《かわる》　㊴森《しん》㊵林《りん》　㊶絵《かい》画　参㊷考《こう》　㊸空《くう》港

禁㊹止《し》　㊺用いる《もちいる》　㊻明《あ》㊼日《す》　㊽昨《きの》㊾日《う》　工㊿夫《ふう》

91

P.92

四年生のまとめテスト(6)

名前

（読み方が新しい漢字50問　1問2点）

① 台《たい》風
② 半《なか》ば
③ 冬《とう》みん
④ 流星《せい》
⑤ 地図に記す《しるす》
⑥ 白《はく》鳥
⑦⑧ 祖父《ふ》母《ぼ》
⑨ 竹《ちく》林
⑩ 火山岩《がん》
⑪⑫ 今《こ》年《とし》
⑬⑭ 木《ぼく》刀《とう》をふる
⑮ 伝言《ごん》
⑯ 右《う》折
⑰ 無色《しょく》とう明
⑱ 人力《りき》車
⑲ 売買《ばい》
⑳ 野鳥《ちょう》
㉑ 木《こ》かげ
㉒ 高《こう》知県
㉓ 自ら《みずから》
㉔ 戸《こ》外
㉕㉖ 鳥《とっ》取《とり》県
㉗ 山形《がた》県
㉘ 赤《せき》飯
㉙ 米《べい》作
㉚㉛ 愛《え》媛《ひめ》県
㉜㉝ 大《おお》分《いた》県
㉞㉟ 宮《みや》城《ぎ》県
㊱ 風雨《う》が強い
㊲㊳ 鹿《か》児《ご》島県
㊴ 群馬《ま》県
㊵ 自《し》然
㊶㊷ 奈《な》良《ら》県
㊸ 新《にい》潟県
㊹㊺ 神《か》奈《な》川県
㊻ 回答《とう》
㊼㊽ 真《ま》っ赤《か》
㊾ 人口《こう》がへる
㊿ 手伝う《つだう》

92

新版　くりかえし漢字練習プリント 4年

2021年3月10日　第1刷発行

著　　　者：原田 善造　椹木 マサ子（他10名）

発　行　者：岸本 なおこ
発　行　所：喜楽研（わかる喜び学ぶ楽しさを創造する教育研究所）
〒604-0827　京都府京都市中京区高倉通二条下ル瓦町 543-1
TEL　075-213-7701　FAX　075-213-7706
HP　https://www.kirakuken.co.jp/
印　　　刷：株式会社米谷
ISBN:978-4-86277-332-6

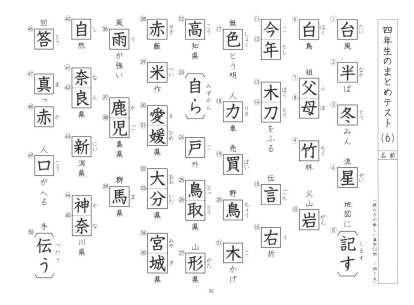